ESPANHOL

VOCABULÁRIO

PALAVRAS MAIS ÚTEIS

PORTUGUÊS
ESPANHOL

Para alargar o seu léxico e apurar
as suas competências linguísticas

7000 palavras

Vocabulário Português-Espanhol - 7000 palavras

Por Andrey Taranov

Os vocabulários da T&P Books destinam-se a ajudar a aprender, a memorizar, e a rever palavras estrangeiras. O dicionário é dividido em temas, cobrindo todas as principais esferas de atividades quotidianas, negócios, ciência, cultura, etc.

O processo de aprendizagem, utilizando os dicionários baseados em temáticas da T&P Books dá-lhe as seguintes vantagens:

- Informação de origem corretamente agrupada predetermina o sucesso em fases subsequentes da memorização de palavras
- Disponibilização de palavras derivadas da mesma raiz, o que permite a memorização de unidades de texto (em vez de palavras separadas)
- Pequenas unidades de palavras facilitam o processo de estabelecimento de vínculos associativos necessários para a consolidação do vocabulário
- O nível de conhecimento da língua pode ser estimado pelo número de palavras aprendidas

T&P Books Publishing
www.tpbooks.com

ISBN: 978-1-78400-885-7

Este livro também está disponível em formato E-book.
Por favor visite www.tpbooks.com ou as principais livrarias on-line.

VOCABULÁRIO ESPANHOL
palavras mais úteis

Os vocabulários da T&P Books destinam-se a ajudar a aprender, a memorizar, e a rever palavras estrangeiras. O vocabulário contém mais de 7000 palavras de uso comum organizadas tematicamente.

O vocabulário contém as palavras mais comummente usadas
Recomendado como adicional para qualquer curso de línguas
Satisfaz as necessidades dos iniciados e dos alunos avançados de línguas estrangeiras
Conveniente para o uso diário, sessões de revisão e atividades de auto-teste
Permite avaliar o seu vocabulário

Características especias do vocabulário

· As palavras estão organizadas de acordo com o seu significado, e não por ordem alfabética
· As palavras são apresentadas em três colunas para facilitar os processos de revisão e auto-teste
· As palavras compostas são divididas em pequenos blocos para facilitar o processo de aprendizagem
· O vocabulário oferece uma transcrição simples e adequada de cada palavra estrangeira

O vocabulário contém 198 tópicos incluindo:

Conceitos básicos, Números, Cores, Meses, Estações do ano, Unidades de medida, Roupas & Acessórios, Alimentos & Nutrição, Restaurante, Membros da Família, Parentes, Caráter, Sentimentos, Emoções, Doenças, Cidade, Passeios, Compras, Dinheiro, Casa, Lar, Escritório, Trabalho no Escritório, Importação & Exportação, Marketing, Pesquisa de Emprego, Desportos, Educação, Computador, Internet, Ferramentas, Natureza, Países, Nacionalidades e muito mais ...

TABELA DE CONTEÚDOS

GUIA DE PRONUNCIAÇÃO

Alfabeto fonético T&P	Exemplo Espanhol	Exemplo Português
[a]	grado	chamar
[e]	mermelada	metal
[i]	física	sinónimo
[o]	tomo	lobo
[u]	cubierta	bonita
[b]	baño, volar	barril
[β]	abeja	sábado
[d]	dicho	dentista
[ð]	tirada	[z] - fricativa dental sonora não-sibilante
[f]	flauta	safári
[dʒ]	azerbaidzhano	adjetivo
[g]	gorro	gosto
[ɣ]	negro	agora
[j]	botella	géiser
[k]	tabaco	kiwi
[l]	arqueólogo	libra
[lʲ]	novela	ralho
[m]	mosaico	magnólia
[m]	confitura	[m] nasal
[n]	camino	natureza
[ŋ]	blanco	alcançar
[p]	zapatero	presente
[r]	sabroso	riscar
[s]	asesor	sanita
[θ]	lápiz	[s] - fricativa dental surda não-sibilante
[t]	estatua	tulipa
[tʃ]	lechuza	Tchau!
[v]	Kiev	fava
[x]	dirigir	fricativa uvular surda
[z]	esgrima	sésamo
[ʃ]	sheriff	mês
[w]	whisky	página web
[']	[re'loχ]	acento principal
[·]	[aβre·'lʲatas]	ponto mediano

ABREVIATURAS
usadas no vocabulário

Abreviaturas do Português

adj	-	adjetivo
adv	-	advérbio
anim.	-	animado
conj.	-	conjunção
desp.	-	desporto
etc.	-	etecetra
ex.	-	por exemplo
f	-	nome feminino
f pl	-	feminino plural
fem.	-	feminino
inanim.	-	inanimado
m	-	nome masculino
m pl	-	masculino plural
m, f	-	masculino, feminino
masc.	-	masculino
mat.	-	matemática
mil.	-	militar
pl	-	plural
prep.	-	preposição
pron.	-	pronome
sb.	-	sobre
sing.	-	singular
v aux	-	verbo auxiliar
vi	-	verbo intransitivo
vi, vt	-	verbo intransitivo, transitivo
vr	-	verbo reflexivo
vt	-	verbo transitivo

Abreviaturas do Espanhol

adj	-	adjetivo
adv	-	advérbio
f	-	nome feminino
f pl	-	feminino plural
fam.	-	familiar
m	-	nome masculino
m pl	-	masculino plural
m, f	-	masculino, feminino

11

n	-	neutro
pl	-	plural
v aux	-	verbo auxiliar
vi	-	verbo intransitivo
vi, vt	-	verbo intransitivo, transitivo
vr	-	verbo reflexivo
vt	-	verbo transitivo

CONCEITOS BÁSICOS

Conceitos básicos. Parte 1

1. Pronomes

eu	yo	[jo]
tu	tú	[tu]
ele	él	[elʲ]
ela	ella	['eja]
nós (masc.)	nosotros	[no'sotros]
nós (fem.)	nosotras	[no'sotras]
vocês (masc.)	vosotros	[bo'sotros]
vocês (fem.)	vosotras	[bo'sotras]
você (sing.)	Usted	[us'teð]
você (pl)	Ustedes	[us'teðes]
eles	ellos	['ejos]
elas	ellas	['ejas]

2. Cumprimentos. Saudações. Despedidas

Olá!	¡Hola!	['olʲa]
Bom dia! (formal)	¡Hola!	['olʲa]
Bom dia! (de manhã)	¡Buenos días!	['buenos 'dias]
Boa tarde!	¡Buenas tardes!	['buenas 'tarðes]
Boa noite!	¡Buenas noches!	['buenas 'notʃes]

cumprimentar (vt)	decir hola	[de'θir 'olʲa]
Olá!	¡Hola!	['olʲa]
saudação (f)	saludo (m)	[sa'lʲuðo]
saudar (vt)	saludar (vt)	[salʲu'ðar]
Como vai?	¿Cómo estás?	['komo es'tas]
O que há de novo?	¿Qué hay de nuevo?	[ke aj de nu'eβo]

Adeus! (formal)	¡Adiós!	[a'ðjos]
Até à vista! (informal)	¡Hasta la vista!	['asta lʲa 'bista]
Até breve!	¡Hasta pronto!	['asta 'pronto]
Adeus!	¡Adiós!	[a'ðjos]
despedir-se (vr)	despedirse (vr)	[despe'ðirse]
Até logo!	¡Hasta luego!	['asta lʲu'ego]

Obrigado! -a!	¡Gracias!	['graθias]
Muito obrigado! -a!	¡Muchas gracias!	['mutʃas 'graθias]
De nada	De nada	[de 'naða]
Não tem de quê	No hay de qué	[no aj de 'ke]

De nada	De nada	[de 'naða]
Desculpa!	¡Disculpa!	[dis'kulʲpa]
Desculpe!	¡Disculpe!	[dis'kulʲpe]
desculpar (vt)	disculpar (vt)	[diskulʲ'par]

desculpar-se (vr)	disculparse (vr)	[diskulʲ'parse]
As minhas desculpas	Mis disculpas	[mis dis'kulʲpas]
Desculpe!	¡Perdóneme!	[per'ðoneme]
perdoar (vt)	perdonar (vt)	[perðo'nar]
Não faz mal	¡No pasa nada!	[no 'pasa 'naða]
por favor	por favor	[por fa'βor]

Não se esqueça!	¡No se le olvide!	[no se le olʲ'βiðe]
Certamente! Claro!	¡Ciertamente!	[θjerta'mento]
Claro que não!	¡Claro que no!	['klʲaro ke 'no]
Está bem! De acordo!	¡De acuerdo!	[de aku'erðo]
Basta!	¡Basta!	['basta]

3. Números cardinais. Parte 1

zero	cero	['θero]
um	uno	['uno]
dois	dos	[dos]
três	tres	[tres]
quatro	cuatro	[ku'atro]
cinco	cinco	['θiŋko]
seis	seis	['sejs]
sete	siete	['sjete]
oito	ocho	['otʃo]
nove	nueve	[nu'eβe]

dez	diez	[djeθ]
onze	once	['onθe]
doze	doce	['doθe]
treze	trece	['treθe]
catorze	catorce	[ka'torθe]
quinze	quince	['kinθe]
dezasseis	dieciséis	['djeθi·'sejs]
dezassete	diecisiete	['djeθi·'sjete]
dezoito	dieciocho	['djeθi·'otʃo]
dezanove	diecinueve	['djeθi·nu'eβe]

vinte	veinte	['bejnte]
vinte e um	veintiuno	['bejnti·'uno]
vinte e dois	veintidós	['bejnti·'dos]
vinte e três	veintitrés	['bejnti·'tres]

trinta	treinta	['trejnta]
trinta e um	treinta y uno	['trejnta i 'uno]
trinta e dois	treinta y dos	['trejnta i 'dos]
trinta e três	treinta y tres	['trejnta i 'tres]

quarenta	cuarenta	[kua'renta]
quarenta e um	cuarenta y uno	[kua'renta i 'uno]

| quarenta e dois | cuarenta y dos | [kua'renta i 'dos] |
| quarenta e três | cuarenta y tres | [kua'renta i 'tres] |

cinquenta	cincuenta	[θiŋku'enta]
cinquenta e um	cincuenta y uno	[θiŋku'enta i 'uno]
cinquenta e dois	cincuenta y dos	[θiŋku'enta i 'dos]
cinquenta e três	cincuenta y tres	[θiŋku'enta i 'tres]

sessenta	sesenta	[se'senta]
sessenta e um	sesenta y uno	[se'senta i 'uno]
sessenta e dois	sesenta y dos	[se'senta i 'dos]
sessenta e três	sesenta y tres	[se'senta i 'tres]

setenta	setenta	[se'tenta]
setenta e um	setenta y uno	[se'tenta i 'uno]
setenta e dois	setenta y dos	[se'tenta i 'dos]
setenta e três	setenta y tres	[se'tenta i 'tres]

oitenta	ochenta	[o'ʧenta]
oitenta e um	ochenta y uno	[o'ʧenta i 'uno]
oitenta e dois	ochenta y dos	[o'ʧenta i 'dos]
oitenta e três	ochenta y tres	[o'ʧenta i 'tres]

noventa	noventa	[no'βenta]
noventa e um	noventa y uno	[no'βenta i 'uno]
noventa e dois	noventa y dos	[no'βenta i 'dos]
noventa e três	noventa y tres	[no'βenta i 'tres]

4. Números cardinais. Parte 2

cem	cien	[θjen]
duzentos	doscientos	[doθ·'θjentos]
trezentos	trescientos	[treθ·'θjentos]
quatrocentos	cuatrocientos	[ku'atro·'θjentos]
quinhentos	quinientos	[ki'njentos]
seiscentos	seiscientos	[sejs·'θjentos]
setecentos	setecientos	[θete·'θjentos]
oitocentos	ochocientos	[oʧo·'θjentos]
novecentos	novecientos	[noβe·'θjentos]

mil	mil	[milʲ]
dois mil	dos mil	[dos 'milʲ]
três mil	tres mil	[tres 'milʲ]
dez mil	diez mil	[djeθ 'milʲ]
cem mil	cien mil	[θjen 'milʲ]
um milhão	millón (m)	[mi'jon]
mil milhões	mil millones	[milʲ mi'jones]

5. Números. Frações

| fração (f) | fracción (f) | [frak'θjon] |
| um meio | un medio | [un 'meðio] |

15

| um terço | un tercio | [un 'terθio] |
| um quarto | un cuarto | [un ku'arto] |

um oitavo	un octavo	[un ok'taβo]
um décimo	un décimo	[un 'deθimo]
dois terços	dos tercios	[dos 'terθjos]
três quartos	tres cuartos	[tres ku'artos]

6. Números. Operações básicas

subtração (f)	sustracción (f)	[sustrak'θjon]
subtrair (vi, vt)	sustraer (vt)	[sustra'er]
divisão (f)	división (f)	[diβi'θjon]
dividir (vt)	dividir (vt)	[diβi'ðir]

adição (f)	adición (f)	[aði'θjon]
somar (vt)	sumar (vt)	[su'mar]
adicionar (vt)	adicionar (vt)	[aðiθjo'nar]

| multiplicação (f) | multiplicación (f) | [mulʲtiplika'θjon] |
| multiplicar (vt) | multiplicar (vt) | [mulʲtipli'kar] |

7. Números. Diversos

algarismo, dígito (m)	cifra (f)	['θifra]
número (m)	número (m)	['numero]
numeral (m)	numeral (m)	[nume'ralʲ]
menos (m)	menos (m)	['menos]
mais (m)	más (m)	[mas]
fórmula (f)	fórmula (f)	['formulʲa]

cálculo (m)	cálculo (m)	['kalʲkulʲo]
contar (vt)	contar (vt)	[kon'tar]
calcular (vt)	calcular (vt)	[kalʲku'lʲar]
comparar (vt)	comparar (vt)	[kompa'rar]

Quanto, -os, -as?	¿Cuánto?	[ku'anto]
soma (f)	suma (f)	['suma]
resultado (m)	resultado (m)	[resulʲ'taðo]
resto (m)	resto (m)	['resto]

alguns, algumas ...	algunos, algunas ...	[alʲ'gunos], [alʲ'gunas]
um pouco de ...	poco, poca	['poko], ['poka]
resto (m)	resto (m)	['resto]

| um e meio | uno y medio | ['uno i 'meðio] |
| dúzia (f) | docena (f) | [do'θena] |

ao meio	en dos	[en 'dos]
em partes iguais	en partes iguales	[en 'partes igu'ales]
metade (f)	mitad (f)	[mi'tað]
vez (f)	vez (f)	[beθ]

8. Os verbos mais importantes. Parte 1

abrir (vt)	abrir (vt)	[a'βrir]
acabar, terminar (vt)	acabar, terminar (vt)	[aka'βar], [termi'nar]
aconselhar (vt)	aconsejar (vt)	[akonse'χar]
adivinhar (vt)	adivinar (vt)	[aðiβi'nar]
advertir (vt)	advertir (vt)	[aðβer'tir]
ajudar (vt)	ayudar (vt)	[aju'ðar]
almoçar (vi)	almorzar (vi)	[alˡmor'θar]
alugar (~ um apartamento)	alquilar (vt)	[alˡki'lˡar]
amar (vt)	querer, amar (vt)	[ke'rer], [a'mar]
ameaçar (vt)	amenazar (vt)	[amena'θar]
anotar (escrever)	tomar nota	[to'mar 'nota]
apanhar (vt)	coger (vt)	[ko'χer]
apressar-se (vr)	tener prisa	[te'ner 'prisa]
arrepender-se (vr)	arrepentirse (vr)	[arepen'tirse]
assinar (vt)	firmar (vt)	[fir'mar]
atirar, disparar (vi)	tirar, disparar (vi)	[ti'rar], [dispa'rar]
brincar (vi)	bromear (vi)	[brome'ar]
brincar, jogar (crianças)	jugar (vi)	[χu'gar]
buscar (vt)	buscar (vt)	[bus'kar]
caçar (vi)	cazar (vi, vt)	[ka'θar]
cair (vi)	caer (vi)	[ka'er]
cavar (vt)	cavar (vt)	[ka'βar]
cessar (vt)	cesar (vt)	[θe'sar]
chamar (~ por socorro)	llamar (vt)	[ja'mar]
chegar (vi)	llegar (vi)	[je'gar]
chorar (vi)	llorar (vi)	[jo'rar]
começar (vt)	comenzar (vi, vt)	[komen'θar]
comparar (vt)	comparar (vt)	[kompa'rar]
compreender (vt)	comprender (vt)	[kompren'der]
concordar (vi)	estar de acuerdo	[es'tar de aku'erðo]
confiar (vt)	confiar (vt)	[koɱ'fjar]
confundir (equivocar-se)	confundir (vt)	[koɱfun'dir]
conhecer (vt)	conocer (vt)	[kono'θer]
contar (fazer contas)	contar (vt)	[kon'tar]
contar com (esperar)	contar con ...	[kon'tar kon]
continuar (vt)	continuar (vt)	[kontinu'ar]
convidar (vt)	invitar (vt)	[imbi'tar]
correr (vi)	correr (vi)	[ko'rer]
criar (vt)	crear (vt)	[kre'ar]
custar (vt)	costar (vt)	[kos'tar]

9. Os verbos mais importantes. Parte 2

dar (vt)	dar (vt)	[dar]
dar uma dica	dar una pista	[dar 'una 'pista]

decorar (enfeitar)	decorar (vt)	[deko'rar]
defender (vt)	defender (vt)	[defen'der]
deixar cair (vt)	dejar caer	[de'χar ka'er]

descer (para baixo)	descender (vi)	[deθen'der]
desculpar (vt)	disculpar (vt)	[diskulʲ'par]
dirigir (~ uma empresa)	dirigir (vt)	[diri'χir]
discutir (notícias, etc.)	discutir (vt)	[disku'tir]
dizer (vt)	decir (vt)	[de'θir]

duvidar (vt)	dudar (vt)	[du'ðar]
encontrar (achar)	encontrar (vt)	[eŋkon'trar]
enganar (vt)	engañar (vi, vt)	[enga'njar]
entrar (na sala, etc.)	entrar (vi)	[en'trar]
enviar (uma carta)	enviar (vt)	[em'bjar]

errar (equivocar-se)	equivocarse (vr)	[ekiβo'karse]
escolher (vt)	escoger (vt)	[esko'χer]
esconder (vt)	esconder (vt)	[eskon'der]
escrever (vt)	escribir (vt)	[eskri'βir]
esperar (o autocarro, etc.)	esperar (vt)	[espe'rar]

esperar (ter esperança)	esperar (vi)	[espe'rar]
esquecer (vt)	olvidar (vt)	[olʲβi'ðar]
estar (vi)	estar (vi)	[es'tar]
estudar (vt)	estudiar (vt)	[estu'ðjar]
exigir (vt)	exigir (vt)	[eksi'χir]
existir (vi)	existir (vi)	[eksis'tir]

explicar (vt)	explicar (vt)	[ekspli'kar]
falar (vi)	hablar (vi, vt)	[a'βlʲar]
faltar (clases, etc.)	faltar a ...	[falʲ'tar a]
fazer (vt)	hacer (vt)	[a'θer]
ficar em silêncio	callarse (vr)	[ka'jarse]
gabar-se, jactar-se (vr)	jactarse, alabarse (vr)	[χas'tarse], [alʲa'βarse]

gostar (apreciar)	gustar (vi)	[gus'tar]
gritar (vi)	gritar (vi)	[gri'tar]
guardar (cartas, etc.)	guardar (vt)	[guar'ðar]
informar (vt)	informar (vt)	[imfor'mar]
insistir (vi)	insistir (vi)	[insis'tir]

insultar (vt)	insultar (vt)	[insulʲ'tar]
interessar-se (vr)	interesarse (vr)	[intere'sarse]
ir (a pé)	ir (vi)	[ir]
ir nadar	bañarse (vr)	[ba'njarse]
jantar (vi)	cenar (vi)	[θe'nar]

10. Os verbos mais importantes. Parte 3

ler (vt)	leer (vi, vt)	[le'er]
libertar (cidade, etc.)	liberar (vt)	[liβe'rar]
matar (vt)	matar (vt)	[ma'tar]
mencionar (vt)	mencionar (vt)	[menθjo'nar]

mostrar (vt)	mostrar (vt)	[mos'trar]
mudar (modificar)	cambiar (vt)	[kam'bjar]
nadar (vi)	nadar (vi)	[na'ðar]
negar-se a ...	negarse (vr)	[ne'garse]
objetar (vt)	objetar (vt)	[oβχe'tar]

observar (vt)	observar (vt)	[oβser'βar]
ordenar (mil.)	ordenar (vt)	[orðe'nar]
ouvir (vt)	oír (vt)	[o'ir]
pagar (vt)	pagar (vi, vt)	[pa'gar]
parar (vi)	pararse (vr)	[pa'rarse]

participar (vi)	participar (vi)	[partiθi'par]
pedir (comida)	pedir (vt)	[pe'ðir]
pedir (um favor, etc.)	pedir (vt)	[pe'ðir]
pegar (tomar)	tomar (vt)	[to'mar]
pensar (vt)	pensar (vi, vt)	[pen'sar]

perceber (ver)	percibir (vt)	[perθi'βir]
perdoar (vt)	perdonar (vt)	[perðo'nar]
perguntar (vt)	preguntar (vt)	[pregun'tar]
permitir (vt)	permitir (vt)	[permi'tir]
pertencer a ...	pertenecer a ...	[pertene'θer a]

planear (vt)	planear (vt)	[plʲane'ar]
poder (vi)	poder (v aux)	[po'ðer]
possuir (vt)	poseer (vt)	[pose'er]
preferir (vt)	preferir (vt)	[prefe'rir]
preparar (vt)	preparar (vt)	[prepa'rar]

prever (vt)	prever (vt)	[pre'βer]
prometer (vt)	prometer (vt)	[prome'ter]
pronunciar (vt)	pronunciar (vt)	[pronun'θjar]
propor (vt)	proponer (vt)	[propo'ner]
punir (castigar)	punir, castigar (vt)	[pu'nir], [kasti'gar]

11. Os verbos mais importantes. Parte 4

quebrar (vt)	quebrar (vt)	[ke'βrar]
queixar-se (vr)	quejarse (vr)	[ke'χarse]
querer (desejar)	querer (vt)	[ke'rer]
recomendar (vt)	recomendar (vt)	[rekomen'dar]
repetir (dizer outra vez)	repetir (vt)	[repe'tir]

repreender (vt)	regañar, reprender (vt)	[rega'njar], [repren'der]
reservar (~ um quarto)	reservar (vt)	[reser'βar]
responder (vt)	responder (vi, vt)	[respon'der]
rezar, orar (vi)	orar (vi)	[o'rar]
rir (vi)	reírse (vr)	[re'irse]

saber (vt)	saber (vt)	[sa'βer]
sair (~ de casa)	salir (vi)	[sa'lir]
salvar (vt)	salvar (vt)	[salʲ'βar]
seguir ...	seguir ...	[se'gir]

sentar-se (vr)	sentarse (vr)	[sen'tarse]
ser (vi)	ser (vi)	[ser]
ser necessário	ser necesario	[ser neθe'sario]
ser, estar	ser, estar (vi)	[ser], [es'tar]
significar (vt)	significar (vt)	[siɣnifi'kar]
sorrir (vi)	sonreír (vi)	[sonre'ir]
subestimar (vt)	subestimar (vt)	[suβesti'mar]
surpreender-se (vr)	sorprenderse (vr)	[sorpren'derse]
tentar (vt)	probar, tentar (vt)	[pro'βar], [ten'tar]
ter (vt)	tener (vt)	[te'ner]
ter fome	tener hambre	[te'ner 'ambre]
ter medo	tener miedo	[te'ner 'mjeðo]
ter sede	tener sed	[te'ner 'seð]
tocar (com as mãos)	tocar (vt)	[to'kar]
tomar o pequeno-almoço	desayunar (vi)	[desaju'nar]
trabalhar (vi)	trabajar (vi)	[traβa'χar]
traduzir (vt)	traducir (vt)	[traðu'θir]
unir (vt)	unir (vt)	[u'nir]
vender (vt)	vender (vt)	[ben'der]
ver (vt)	ver (vt)	[ber]
virar (ex. ~ à direita)	girar (vi)	[χi'rar]
voar (vi)	volar (vi)	[bo'lʲar]

12. Cores

cor (f)	color (m)	[ko'lʲor]
matiz (m)	matiz (m)	[ma'tiθ]
tom (m)	tono (m)	['tono]
arco-íris (m)	arco (m) iris	['arko 'iris]
branco	blanco (adj)	['blʲaŋko]
preto	negro (adj)	['neɣro]
cinzento	gris (adj)	['gris]
verde	verde (adj)	['berðe]
amarelo	amarillo (adj)	[ama'rijo]
vermelho	rojo (adj)	['roχo]
azul	azul (adj)	[a'θulʲ]
azul claro	azul claro (adj)	[a'θulʲ 'klʲaro]
rosa	rosa (adj)	['rosa]
laranja	naranja (adj)	[na'ranχa]
violeta	violeta (adj)	[bio'leta]
castanho	marrón (adj)	[ma'ron]
dourado	dorado (adj)	[do'raðo]
prateado	argentado (adj)	[arχen'taðo]
bege	beige (adj)	['bejʒ]
creme	crema (adj)	['krema]

turquesa	turquesa (adj)	[tur'kesa]
vermelho cereja	rojo cereza (adj)	['roχo θe'reθa]
lilás	lila (adj)	['liˡa]
carmesim	carmesí (adj)	[karme'si]

claro	claro (adj)	['kˡaro]
escuro	oscuro (adj)	[os'kuro]
vivo	vivo (adj)	['biβo]

de cor	de color (adj)	[de ko'lˡor]
a cores	en colores (adj)	[en ko'lˡores]
preto e branco	blanco y negro (adj)	['blˡaŋko i 'neɣro]
unicolor	unicolor (adj)	[uniko'lˡor]
multicor	multicolor (adj)	[mulˡtiko'lˡor]

13. Questões

Quem?	¿Quién?	['kjen]
Que?	¿Qué?	[ke]
Onde?	¿Dónde?	['donde]
Para onde?	¿Adónde?	[a'ðonde]
De onde?	¿De dónde?	[de 'donde]
Quando?	¿Cuándo?	[ku'ando]
Para quê?	¿Para qué?	[para 'ke]
Porquê?	¿Por qué?	[por 'ke]

Para quê?	¿Por qué razón?	[por ke ra'θon]
Como?	¿Cómo?	['komo]
Qual?	¿Qué?	[ke]
Qual? (entre dois ou mais)	¿Cuál?	[ku'alˡ]

A quem?	¿A quién?	[a 'kjen]
Sobre quem?	¿De quién?	[de 'kjen]
Do quê?	¿De qué?	[de 'ke]
Com quem?	¿Con quién?	[kon 'kjen]

Quanto, -os, -as?	¿Cuánto?	[ku'anto]
De quem? (masc.)	¿De quién?	[de 'kjen]

14. Palavras funcionais. Advérbios. Parte 1

Onde?	¿Dónde?	['donde]
aqui	aquí (adv)	[a'ki]
lá, ali	allí (adv)	[a'ji]

em algum lugar	en alguna parte	[en alˡ'guna 'parte]
em lugar nenhum	en ninguna parte	[en nin'guna 'parte]

ao pé de ...	junto a ...	['χunto a]
ao pé da janela	junto a la ventana	['χunto a lˡa ben'tana]
Para onde?	¿Adónde?	[a'ðonde]
para cá	aquí (adv)	[a'ki]

para lá	allí (adv)	[a'ji]
daqui	de aquí (adv)	[de a'ki]
de lá, dali	de allí (adv)	[de a'ji]
perto	cerca	['θerka]
longe	lejos (adv)	['leχos]
perto de ...	cerca de ...	['θerka de]
ao lado de	al lado de ...	[alʲ 'lʲaðo de]
perto, não fica longe	no lejos (adv)	[no 'leχos]
esquerdo	izquierdo (adj)	[iθ'kjerðo]
à esquerda	a la izquierda	[a lʲa iθ'kjerða]
para esquerda	a la izquierda	[a lʲa iθ'kjerða]
direito	derecho (adj)	[de'reʧo]
à direita	a la derecha	[a lʲa de'reʧa]
para direita	a la derecha	[a lʲa de'reʧa]
à frente	delante	[de'lʲante]
da frente	delantero (adj)	[delʲan'tero]
em frente (para a frente)	adelante	[aðe'lʲante]
atrás de ...	detrás de ...	[de'tras de]
por detrás (vir ~)	desde atrás	['desðe a'tras]
para trás	atrás	[a'tras]
meio (m), metade (f)	centro (m), medio (m)	['θentro], ['meðio]
no meio	en medio (adv)	[en 'meðio]
de lado	de lado (adv)	[de 'lʲaðo]
em todo lugar	en todas partes	[en 'toðas 'partes]
ao redor (olhar ~)	alrededor (adv)	[alʲreðe'ðor]
de dentro	de dentro (adv)	[de 'dentro]
para algum lugar	a alguna parte	[a alʲ'guna 'parte]
diretamente	todo derecho (adv)	['toðo de'reʧo]
de volta	atrás	[a'tras]
de algum lugar	de alguna parte	[de alʲ'guna 'parte]
de um lugar	de alguna parte	[de alʲ'guna 'parte]
em primeiro lugar	primero (adv)	[pri'mero]
em segundo lugar	segundo (adv)	[se'gundo]
em terceiro lugar	tercero (adv)	[ter'θero]
de repente	de súbito (adv)	[de 'suβito]
no início	al principio (adv)	[alʲ prin'θipio]
pela primeira vez	por primera vez	[por pri'mera beθ]
muito antes de ...	mucho tiempo antes ...	['muʧo 'tjempo 'antes]
de novo, novamente	de nuevo (adv)	[de nu'eβo]
para sempre	para siempre (adv)	['para 'sjempre]
nunca	nunca (adv)	['nuŋka]
de novo	de nuevo (adv)	[de nu'eβo]
agora	ahora (adv)	[a'ora]

frequentemente	frecuentemente (adv)	[frekuente'mente]
então	entonces (adv)	[en'tonθes]
urgentemente	urgentemente	[urχente'mente]
usualmente	usualmente (adv)	[usualʲ'mente]

a propósito, ...	a propósito, ...	[a pro'posito]
é possível	es probable	[es pro'βaβle]
provavelmente	probablemente	[proβaβle'mente]
talvez	tal vez	[talʲ beθ]
além disso, ...	además ...	[aðe'mas]
por isso ...	por eso ...	[por 'eso]
apesar de ...	a pesar de ...	[a pe'sar de]
graças a ...	gracias a ...	['graθias a]

que (pron.)	qué	[ke]
que (conj.)	que	[ke]
algo	algo	['alʲgo]
alguma coisa	algo	['alʲgo]
nada	nada (f)	['naða]

quem	quien	[kjen]
alguém (~ teve uma ideia ...)	alguien	['alʲgjen]
alguém	alguien	['alʲgjen]

ninguém	nadie	['naðje]
para lugar nenhum	a ninguna parte	[a nin'guna 'parte]
de ninguém	de nadie	[de 'naðje]
de alguém	de alguien	[de 'alʲgjen]

tão	tan, tanto (adv)	[tan], ['tanto]
também (gostaria ~ de ...)	también	[tam'bjen]
também (~ eu)	también	[tam'bjen]

15. Palavras funcionais. Advérbios. Parte 2

Porquê?	¿Por qué?	[por 'ke]
por alguma razão	por alguna razón	[por alʲ'guna ra'θon]
porque ...	porque ...	['porke]
por qualquer razão	por cualquier razón (adv)	[por kualʲ'kjer ra'θon]

e (tu ~ eu)	y	[i]
ou (ser ~ não ser)	o	[o]
mas (porém)	pero	['pero]
para (~ a minha mãe)	para	['para]

demasiado, muito	demasiado (adv)	[dema'sjaðo]
só, somente	sólo, solamente (adv)	['solʲo], [solʲa'mente]
exatamente	exactamente (adv)	[eksakta'mente]
cerca de (~ 10 kg)	cerca de ...	['θerka de]

aproximadamente	aproximadamente	[aproksimaða'mente]
aproximado	aproximado (adj)	[aproksi'maðo]
quase	casi (adv)	['kasi]
resto (m)	resto (m)	['resto]

o outro (segundo)	el otro (adj)	[elʲ 'otro]
outro	otro (adj)	['otro]
cada	cada (adj)	['kaða]
qualquer	cualquier (adj)	[kualʲ'kjer]
muito	mucho (adv)	['muʧo]
muitas pessoas	mucha gente	['muʧa 'xente]
todos	todos	['toðos]

em troca de …	a cambio de …	[a 'kambjo de]
em troca	en cambio (adv)	[en 'kambio]
à mão	a mano	[a 'mano]
pouco provável	poco probable	['poko pro'βaβle]

provavelmente	probablemente	[proβaβle'mente]
de propósito	a propósito (adv)	[a pro'posito]
por acidente	por accidente (adv)	[por akθi'ðente]

muito	muy (adv)	['muj]
por exemplo	por ejemplo (adv)	[por e'xemplʲo]
entre	entre	['entre]
entre (no meio de)	entre	['entre]
tanto	tanto	['tanto]
especialmente	especialmente (adv)	[espeθjalʲ'mente]

Conceitos básicos. Parte 2

16. Opostos

rico	rico (adj)	['riko]
pobre	pobre (adj)	['poβre]
doente	enfermo (adj)	[eɱ'fermo]
são	sano (adj)	['sano]
grande	grande (adj)	['grande]
pequeno	pequeño (adj)	[pe'kenjo]
rapidamente	rápidamente (adv)	['rapiða'mente]
lentamente	lentamente (adv)	[lenta'mente]
rápido	rápido (adj)	['rapiðo]
lento	lento (adj)	['lento]
alegre	alegre (adj)	[a'leɣre]
triste	triste (adj)	['triste]
juntos	juntos (adv)	['χuntos]
separadamente	separadamente	[separaða'mente]
em voz alta (ler ~)	en voz alta	[en 'boθ 'alˈta]
para si (em silêncio)	en silencio	[en si'lenθio]
alto	alto (adj)	['alˈto]
baixo	bajo (adj)	['baχo]
profundo	profundo (adj)	[pro'fundo]
pouco fundo	poco profundo (adj)	['poko pro'fundo]
sim	sí	[si]
não	no	[no]
distante (no espaço)	lejano, distante (adj)	[le'χano], [dis'tante]
próximo	próximo, cercano (adj)	['proksimo], [θer'kano]
longe	lejos (adv)	['leχos]
perto	cerco (adv)	['θerko]
longo	largo (adj)	['lˈargo]
curto	corto (adj)	['korto]
bom, bondoso	bueno, bondadoso (adj)	[bu'eno], [bonda'ðoso]
mau	malo, malvado (adj)	['malˈo], [malˈ'βaðo]

| casado | casado (adj) | [ka'saðo] |
| solteiro | soltero (adj) | [solʲ'tero] |

| proibir (vt) | prohibir (vt) | [proi'βir] |
| permitir (vt) | permitir (vt) | [permi'tir] |

| fim (m) | fin (m) | [fin] |
| começo (m) | principio, comienzo (m) | [prin'θipio], [ko'mjenθo] |

| esquerdo | izquierdo (adj) | [iθ'kjerðo] |
| direito | derecho (adj) | [de'reʧo] |

| primeiro | primero (adj) | [pri'mero] |
| último | último (adj) | ['ulʲtimo] |

| crime (m) | crimen (m) | ['krimen] |
| castigo (m) | castigo (m) | [kas'tigo] |

| ordenar (vt) | ordenar (vt) | [orðe'nar] |
| obedecer (vt) | obedecer (vi, vt) | [oβeðe'θer] |

| reto | recto (adj) | ['rekto] |
| curvo | curvo (adj) | ['kurβo] |

| paraíso (m) | paraíso (m) | [para'iso] |
| inferno (m) | infierno (m) | [iɱ'fjerno] |

| nascer (vi) | nacer (vi) | [na'θer] |
| morrer (vi) | morir (vi) | [mo'rir] |

| forte | fuerte (adj) | [fu'erte] |
| fraco, débil | débil (adj) | ['deβilʲ] |

| idoso | viejo (adj) | ['bjeχo] |
| jovem | joven (adj) | ['χoβen] |

| velho | viejo (adj) | ['bjeχo] |
| novo | nuevo (adj) | [nu'eβo] |

| duro | duro (adj) | ['duro] |
| mole | blando (adj) | ['blʲando] |

| tépido | tibio (adj) | ['tiβio] |
| frio | frío (adj) | ['frio] |

| gordo | gordo (adj) | ['gorðo] |
| magro | delgado (adj) | [delʲ'gado] |

| estreito | estrecho (adj) | [es'treʧo] |
| largo | ancho (adj) | ['anʧo] |

| bom | bueno (adj) | [bu'eno] |
| mau | malo (adj) | ['malʲo] |

| valente | valiente (adj) | [ba'ljente] |
| cobarde | cobarde (adj) | [ko'βarðe] |

17. Dias da semana

segunda-feira (f)	lunes (m)	['lʲunes]
terça-feira (f)	martes (m)	['martes]
quarta-feira (f)	miércoles (m)	['mjerkoles]
quinta-feira (f)	jueves (m)	[χu'eβes]
sexta-feira (f)	viernes (m)	['bjernes]
sábado (m)	sábado (m)	['saβaðo]
domingo (m)	domingo (m)	[do'mingo]
hoje	hoy (adv)	[oj]
amanhã	mañana (adv)	[ma'njana]
depois de amanhã	pasado mañana	[pa'saðo ma'njana]
ontem	ayer (adv)	[a'jer]
anteontem	anteayer (adv)	[ante·a'jer]
dia (m)	día (m)	['dia]
dia (m) de trabalho	día (m) de trabajo	['dia de tra'βaχo]
feriado (m)	día (m) de fiesta	['dia de 'fjesta]
dia (m) de folga	día (m) de descanso	['dia de des'kanso]
fim (m) de semana	fin (m) de semana	['fin de se'mana]
o dia todo	todo el día	['toðo elʲ 'dia]
no dia seguinte	al día siguiente	[alʲ 'dia si'gjente]
há dois dias	dos días atrás	[dos 'dias a'tras]
na véspera	en vísperas (adv)	[en 'bisperas]
diário	diario (adj)	['djario]
todos os dias	cada día (adv)	['kaða 'dia]
semana (f)	semana (f)	[se'mana]
na semana passada	semana (f) pasada	[se'mana pa'saða]
na próxima semana	semana (f) que viene	[se'mana ke 'bjene]
semanal	semanal (adj)	[sema'nalʲ]
cada semana	cada semana (adv)	['kaða se'mana]
duas vezes por semana	dos veces por semana	[dos 'beθes por se'mana]
cada terça-feira	todos los martes	['toðos los 'martes]

18. Horas. Dia e noite

manhã (f)	mañana (f)	[ma'njana]
de manhã	por la mañana	[por lʲa ma'njana]
meio-dia (m)	mediodía (m)	['meðjo'ðia]
à tarde	por la tarde	[por lʲa 'tarðe]
noite (f)	noche (f)	['notʃe]
à noite (noitinha)	por la noche	[por lʲa 'notʃe]
noite (f)	noche (f)	['notʃe]
à noite	por la noche	[por lʲa 'notʃe]
meia-noite (f)	medianoche (f)	['meðia'notʃe]
segundo (m)	segundo (m)	[se'gundo]
minuto (m)	minuto (m)	[mi'nuto]
hora (f)	hora (f)	['ora]

27

meia hora (f)	media hora (f)	['meðia 'ora]
quarto (m) de hora	cuarto (m) de hora	[ku'arto de 'ora]
quinze minutos	quince minutos	['kinθe mi'nutos]
vinte e quatro horas	veinticuatro horas	['bejti·ku'atro 'oras]

nascer (m) do sol	salida (f) del sol	[sa'liða delʲ 'solʲ]
amanhecer (m)	amanecer (m)	[amane'θer]
madrugada (f)	madrugada (f)	[maðru'gaða]
pôr do sol (m)	puesta (f) del sol	[pu'esta delʲ 'solʲ]

de madrugada	de madrugada	[de maðru'gaða]
hoje de manhã	esta mañana	['esta ma'njana]
amanhã de manhã	mañana por la mañana	[ma'njana por lʲa ma'njana]

hoje à tarde	esta tarde	['esta 'tarðe]
à tarde	por la tarde	[por lʲa 'tarðe]
amanhã à tarde	mañana por la tarde	[ma'njana por lʲa 'tarðe]

hoje à noite	esta noche	['esta 'notʃe]
amanhã à noite	mañana por la noche	[ma'njana por lʲa 'notʃe]

às três horas em ponto	a las tres en punto	[a lʲas 'tres en 'punto]
por volta das quatro	a eso de las cuatro	[a 'eso de lʲas ku'atro]
às doze	para las doce	['para lʲas 'doθe]

dentro de vinte minutos	dentro de veinte minutos	['dentro de 'bejnte mi'nutos]
dentro duma hora	dentro de una hora	['dentro de 'una 'ora]
a tempo	a tiempo (adv)	[a 'tjempo]

menos um quarto	... menos cuarto	['menos ku'arto]
durante uma hora	durante una hora	[du'rante 'una 'ora]
a cada quinze minutos	cada quince minutos	['kaða 'kinθe mi'nutos]
as vinte e quatro horas	día y noche	['dia i 'notʃe]

19. Meses. Estações

janeiro (m)	enero (m)	[e'nero]
fevereiro (m)	febrero (m)	[fe'βrero]
março (m)	marzo (m)	['marθo]
abril (m)	abril (m)	[a'βrilʲ]
maio (m)	mayo (m)	['majo]
junho (m)	junio (m)	['χunio]

julho (m)	julio (m)	['χulio]
agosto (m)	agosto (m)	[a'gosto]
setembro (m)	septiembre (m)	[sep'tjembre]
outubro (m)	octubre (m)	[ok'tuβre]
novembro (m)	noviembre (m)	[no'βjembre]
dezembro (m)	diciembre (m)	[di'θjembre]

primavera (f)	primavera (f)	[prima'βera]
na primavera	en primavera	[en prima'βera]
primaveril	de primavera (adj)	[de prima'βera]
verão (m)	verano (m)	[be'rano]

no verão	en verano	[em be'rano]
de verão	de verano (adj)	[de be'rano]

outono (m)	otoño (m)	[o'tonjo]
no outono	en otoño	[en o'tonjo]
outonal	de otoño (adj)	[de o'tonjo]

inverno (m)	invierno (m)	[im'bjerno]
no inverno	en invierno	[en im'bjerno]
de inverno	de invierno (adj)	[de im'bjerno]
mês (m)	mes (m)	[mes]
este mês	este mes	['este 'mes]
no próximo mês	al mes siguiente	[alʲ 'mes si'gjente]
no mês passado	el mes pasado	[elʲ 'mes pa'saðo]

há um mês	hace un mes	['aθe un 'mes]
dentro de um mês	dentro de un mes	['dentro de un mes]
dentro de dois meses	dentro de dos meses	['dentro de dos 'meses]
todo o mês	todo el mes	['toðo elʲ 'mes]
um mês inteiro	todo un mes	['toðo un 'mes]

mensal	mensual (adj)	[mensu'alʲ]
mensalmente	mensualmente (adv)	[mensualʲ'mente]
cada mês	cada mes	['kaða 'mes]
duas vezes por mês	dos veces por mes	[dos 'beθes por 'mes]

ano (m)	año (m)	['anjo]
este ano	este año	['este 'anjo]
no próximo ano	el próximo año	[elʲ 'proksimo 'anjo]
no ano passado	el año pasado	[elʲ 'anjo pa'saðo]
há um ano	hace un año	['aθe un 'anjo]
dentro dum ano	dentro de un año	['dentro de un 'anjo]
dentro de 2 anos	dentro de dos años	['dentro de dos 'anjos]
todo o ano	todo el año	['toðo elʲ 'anjo]
um ano inteiro	todo un año	['toðo un 'anjo]

cada ano	cada año	['kaða 'anjo]
anual	anual (adj)	[anu'alʲ]
anualmente	anualmente (adv)	[anualʲ'mente]
quatro vezes por ano	cuatro veces por año	[ku'atro 'beθes por 'anjo]

data (~ de hoje)	fecha (f)	['fetʃa]
data (ex. ~ de nascimento)	fecha (f)	['fetʃa]
calendário (m)	calendario (m)	[kalen'dario]

meio ano	medio año (m)	['meðjo 'anjo]
seis meses	seis meses	['sejs 'meses]
estação (f)	estación (f)	[esta'θjon]
século (m)	siglo (m)	['siɣlʲo]

20. Tempo. Diversos

tempo (m)	tiempo (m)	['tjempo]
momento (m)	momento (m)	[mo'mento]

instante (m)	instante (m)	[ins'tante]
instantâneo	instantáneo (adj)	[instan'taneo]
lapso (m) de tempo	lapso (m) de tiempo	['lʲapso de 'tjempo]
vida (f)	vida (f)	['biða]
eternidade (f)	eternidad (f)	[eterni'ðað]

época (f)	época (f)	['epoka]
era (f)	era (f)	['era]
ciclo (m)	ciclo (m)	['θiklʲo]
período (m)	periodo (m)	[pe'rjoðo]
prazo (m)	plazo (m)	['plʲaθo]

futuro (m)	futuro (m)	[fu'turo]
futuro	futuro (adj)	[fu'turo]
da próxima vez	la próxima vez	[lʲa 'proksima 'beθ]
passado (m)	pasado (m)	[pa'saðo]
passado	pasado (adj)	[pa'saðo]
na vez passada	la última vez	[lʲa 'ulʲtima 'beθ]
mais tarde	más tarde (adv)	[mas 'tarðe]
depois	después	[despu'es]
atualmente	actualmente (adv)	[aktualʲ'mente]
agora	ahora (adv)	[a'ora]
imediatamente	inmediatamente	[immeðjata'mente]
em breve, brevemente	pronto (adv)	['pronto]
de antemão	de antemano (adv)	[de ante'mano]

há muito tempo	hace mucho tiempo	['aθe 'mutʃo 'tjempo]
há pouco tempo	hace poco (adv)	['aθe 'poko]
destino (m)	destino (m)	[des'tino]
recordações (f pl)	recuerdos (m pl)	[reku'erðos]
arquivo (m)	archivo (m)	[ar'tʃiβo]
durante ...	durante ...	[du'rante]
durante muito tempo	mucho tiempo (adv)	['mutʃo 'tjempo]
pouco tempo	poco tiempo (adv)	['poko 'tjempo]
cedo (levantar-se ~)	temprano (adv)	[tem'prano]
tarde (deitar-se ~)	tarde (adv)	['tarðe]

para sempre	para siempre (adv)	['para 'sjempre]
começar (vt)	comenzar (vt)	[komen'θar]
adiar (vt)	aplazar (vt)	[aplʲa'θar]

simultaneamente	simultáneamente	[simulʲ'tanea'mente]
permanentemente	permanentemente	[permanenta'mente]
constante (ruído, etc.)	constante (adj)	[kons'tante]
temporário	temporal (adj)	[tempo'ralʲ]

às vezes	a veces (adv)	[a 'beθes]
raramente	raras veces, raramente (adv)	['raras 'beθes], [rara'mente]
frequentemente	frecuentemente (adv)	[frekuente'mente]

21. Linhas e formas

quadrado (m)	cuadrado (m)	[kua'ðraðo]
quadrado	cuadrado (adj)	[kua'ðraðo]

círculo (m)	círculo (m)	['θirkuʎo]
redondo	redondo (adj)	[re'ðondo]
triângulo (m)	triángulo (m)	[tri'anguʎo]
triangular	triangular (adj)	[triangu'ʎar]
oval (f)	óvalo (m)	['oβaʎo]
oval	oval (adj)	[o'βalʲ]
retângulo (m)	rectángulo (m)	[rek'tanguʎo]
retangular	rectangular (adj)	[rektangu'ʎar]
pirâmide (f)	pirámide (f)	[pi'ramiðe]
rombo, losango (m)	rombo (m)	['rombo]
trapézio (m)	trapecio (m)	[tra'peθio]
cubo (m)	cubo (m)	['kuβo]
prisma (m)	prisma (m)	['prisma]
circunferência (f)	circunferencia (f)	[θirkuɱfe'renθia]
esfera (f)	esfera (f)	[es'fera]
globo (m)	globo (m)	['gʎoβo]
diâmetro (m)	diámetro (m)	[di'ametro]
raio (m)	radio (m)	['raðio]
perímetro (m)	perímetro (m)	[pe'rimetro]
centro (m)	centro (m)	['θentro]
horizontal	horizontal (adj)	[oriθon'talʲ]
vertical	vertical (adj)	[berti'kalʲ]
paralela (f)	paralela (f)	[para'ʎeʎa]
paralelo	paralelo (adj)	[para'ʎeʎo]
linha (f)	línea (f)	['linea]
traço (m)	trazo (m)	['traθo]
reta (f)	recta (f)	['rekta]
curva (f)	curva (f)	['kurβa]
fino (linha ~a)	fino (adj)	['fino]
contorno (m)	contorno (m)	[kon'torno]
interseção (f)	intersección (f)	[intersek'θjon]
ângulo (m) reto	ángulo (m) recto	['anguʎo 'rekto]
segmento (m)	segmento (m)	[seɣ'mento]
setor (m)	sector (m)	[sek'tor]
lado (de um triângulo, etc.)	lado (m)	['ʎaðo]
ângulo (m)	ángulo (m)	['anguʎo]

22. Unidades de medida

peso (m)	peso (m)	['peso]
comprimento (m)	longitud (f)	[ʎonxi'tuð]
largura (f)	anchura (f)	[an'ʧura]
altura (f)	altura (f)	[alʲ'tura]
profundidade (f)	profundidad (f)	[profundi'ðað]
volume (m)	volumen (m)	[bo'ʎumen]
área (f)	área (f)	['area]
grama (m)	gramo (m)	['gramo]
miligrama (m)	miligramo (m)	[mili'ɣramo]

quilograma (m)	kilogramo (m)	[kiˡloˈɣramo]
tonelada (f)	tonelada (f)	[toneˈlˡaða]
libra (453,6 gramas)	libra (f)	[ˈliβra]
onça (f)	onza (f)	[ˈonθa]

metro (m)	metro (m)	[ˈmetro]
milímetro (m)	milímetro (m)	[miˈlimetro]
centímetro (m)	centímetro (m)	[θenˈtimetro]
quilómetro (m)	kilómetro (m)	[kiˈlˡometro]
milha (f)	milla (f)	[ˈmija]

polegada (f)	pulgada (f)	[pulˡˈgaða]
pé (304,74 mm)	pie (m)	[pje]
jarda (914,383 mm)	yarda (f)	[ˈjarða]

| metro (m) quadrado | metro (m) cuadrado | [ˈmetro kuaˈðraðo] |
| hectare (m) | hectárea (f) | [ekˈtarea] |

litro (m)	litro (m)	[ˈlitro]
grau (m)	grado (m)	[ˈgraðo]
volt (m)	voltio (m)	[ˈbolˡtio]
ampere (m)	amperio (m)	[amˈperio]
cavalo-vapor (m)	caballo (m) de fuerza	[kaˈβajo de fuˈerθa]

quantidade (f)	cantidad (f)	[kantiˈðað]
um pouco de ...	un poco de ...	[un ˈpoko de]
metade (f)	mitad (f)	[miˈtað]
dúzia (f)	docena (f)	[doˈθena]
peça (f)	pieza (f)	[ˈpjeθa]

| dimensão (f) | dimensión (f) | [dimenˈsjon] |
| escala (f) | escala (f) | [esˈkalˡa] |

mínimo	mínimo (adj)	[ˈminimo]
menor, mais pequeno	el más pequeño (adj)	[elˡ mas peˈkenjo]
médio	medio (adj)	[ˈmeðio]
máximo	máximo (adj)	[ˈmaksimo]
maior, mais grande	el más grande (adj)	[elˡ ˈmas ˈgrande]

23. Recipientes

boião (m) de vidro	tarro (m) de vidrio	[ˈtaro de ˈbiðrio]
lata (~ de cerveja)	lata (f)	[ˈlˡata]
balde (m)	cubo (m)	[ˈkuβo]
barril (m)	barril (m)	[baˈrilˡ]

bacia (~ de plástico)	palangana (f)	[palˡanˈgana]
tanque (m)	tanque (m)	[ˈtaŋke]
cantil (m) de bolso	petaca (f)	[peˈtaka]
bidão (m) de gasolina	bidón (m) de gasolina	[biˈðon de gasoˈlina]
cisterna (f)	cisterna (f)	[θisˈterna]

| caneca (f) | taza (f) | [ˈtaθa] |
| chávena (f) | taza (f) | [ˈtaθa] |

pires (m)	platillo (m)	[pl'a'tijo]
copo (m)	vaso (m)	['baso]
taça (f) de vinho	copa (f) de vino	['kopa de 'bino]
panela, caçarola (f)	olla (f)	['oja]
garrafa (f)	botella (f)	[bo'teja]
gargalo (m)	cuello (m) de botella	[ku'ejo de bo'teja]
jarro, garrafa (f)	garrafa (f)	[ga'rafa]
jarro (m) de barro	jarro (m)	['χaro]
recipiente (m)	recipiente (m)	[reθi'pjente]
pote (m)	tarro (m)	['taro]
vaso (m)	florero (m)	[fl'o'rero]
frasco (~ de perfume)	frasco (m)	['frasko]
frasquinho (ex. ~ de iodo)	frasquito (m)	[fras'kito]
tubo (~ de pasta dentífrica)	tubo (m)	['tuβo]
saca (ex. ~ de açúcar)	saco (m)	['sako]
saco (~ de plástico)	bolsa (f)	['bol'sa]
maço (m)	paquete (m)	[pa'kete]
caixa (~ de sapatos, etc.)	caja (f)	['kaχa]
caixa (~ de madeira)	cajón (m)	[ka'χon]
cesta (f)	cesta (f)	['θesta]

24. Materiais

material (m)	material (m)	[mate'rjal']
madeira (f)	madera (f)	[ma'ðera]
de madeira	de madera (adj)	[de ma'ðera]
vidro (m)	vidrio (m)	['biðrio]
de vidro	de vidrio (adj)	[de 'biðrio]
pedra (f)	piedra (f)	['pjeðra]
de pedra	de piedra (adj)	[de 'pjeðra]
plástico (m)	plástico (m)	['pl'astiko]
de plástico	de plástico (adj)	[de 'pl'astiko]
borracha (f)	goma (f)	['goma]
de borracha	de goma (adj)	[de 'goma]
tecido, pano (m)	tela (f)	['tel'a]
de tecido	de tela (adj)	[de 'tel'a]
papel (m)	papel (m)	[pa'pel']
de papel	de papel (adj)	[de pa'pel']
cartão (m)	cartón (m)	[kar'ton]
de cartão	de cartón (adj)	[de kar'ton]
polietileno (m)	polietileno (m)	[polieti'leno]
celofane (m)	celofán (m)	[θel'o'fan]

| linóleo (m) | linóleo (m) | [li'noleo] |
| contraplacado (m) | contrachapado (m) | [kontratʃa'paðo] |

porcelana (f)	porcelana (f)	[porθe'lʲana]
de porcelana	de porcelana (adj)	[de porθe'lʲana]
barro (f)	arcilla (f), barro (m)	[ar'θija], ['baro]
de barro	de barro (adj)	[de 'baro]
cerâmica (f)	cerámica (f)	[θe'ramika]
de cerâmica	de cerámica (adj)	[de θe'ramika]

25. Metais

metal (m)	metal (m)	[me'talʲ]
metálico	metálico (adj)	[me'taliko]
liga (f)	aleación (f)	[alea'θjon]

ouro (m)	oro (m)	['oro]
de ouro	de oro (adj)	[de 'oro]
prata (f)	plata (f)	['plʲata]
de prata	de plata (adj)	[de 'plʲata]

ferro (m)	hierro (m)	['jero]
de ferro	de hierro (adj)	[de 'jero]
aço (m)	acero (m)	[a'θero]
de aço	de acero (adj)	[de a'θero]
cobre (m)	cobre (m)	['koβre]
de cobre	de cobre (adj)	[de 'koβre]

alumínio (m)	aluminio (m)	[alʲu'minio]
de alumínio	de aluminio (adj)	[de alʲu'minio]
bronze (m)	bronce (m)	['bronθe]
de bronze	de bronce (adj)	[de 'bronθe]

latão (m)	latón (m)	[lʲa'ton]
níquel (m)	níquel (m)	['nikelʲ]
platina (f)	platino (m)	[plʲa'tino]
mercúrio (m)	mercurio (m)	[mer'kurio]
estanho (m)	estaño (m)	[es'tanjo]
chumbo (m)	plomo (m)	['plʲomo]
zinco (m)	zinc (m)	[θiŋk]

O SER HUMANO

O ser humano. O corpo

ser (m) humano	ser (m) humano	[ser u'mano]
homem (m)	hombre (m)	['ombre]
mulher (f)	mujer (f)	[mu'χer]
criança (f)	niño (m), niña (f)	['ninjo], ['ninja]
menina (f)	niña (f)	['ninja]
menino (m)	niño (m)	['ninjo]
adolescente (m)	adolescente (m)	[aðole'θente]
velho (m)	viejo, anciano (m)	['bjeχo], [an'θjano]
velha, anciã (f)	vieja, anciana (f)	['bjeχa], [an'θjana]

27. Anatomia humana

organismo (m)	organismo (m)	[orga'nismo]
coração (m)	corazón (m)	[kora'θon]
sangue (m)	sangre (f)	['sangre]
artéria (f)	arteria (f)	[ar'teria]
veia (f)	vena (f)	['bena]
cérebro (m)	cerebro (m)	[θe'reβro]
nervo (m)	nervio (m)	['nerβio]
nervos (m pl)	nervios (m pl)	['nerβios]
vértebra (f)	vértebra (f)	['berteβra]
coluna (f) vertebral	columna (f) vertebral	[ko'lʲumna berte'βralʲ]
estômago (m)	estómago (m)	[es'tomago]
intestinos (m pl)	intestinos (m pl)	[intes'tinos]
intestino (m)	intestino (m)	[intes'tino]
fígado (m)	hígado (m)	['igaðo]
rim (m)	riñón (m)	[ri'njon]
osso (m)	hueso (m)	[u'eso]
esqueleto (m)	esqueleto (m)	[eske'leto]
costela (f)	costilla (f)	[kos'tija]
crânio (m)	cráneo (m)	['kraneo]
músculo (m)	músculo (m)	['muskulʲo]
bíceps (m)	bíceps (m)	['biθeps]
tríceps (m)	tríceps (m)	['triθeps]
tendão (m)	tendón (m)	[ten'don]
articulação (f)	articulación (f)	[artikulʲa'θjon]

pulmões (m pl)	pulmones (m pl)	[pulˈmones]
órgãos (m pl) genitais	genitales (m pl)	[xeniˈtales]
pele (f)	piel (f)	[pjelʲ]

28. Cabeça

cabeça (f)	cabeza (f)	[kaˈβeθa]
cara (f)	cara (f)	[ˈkara]
nariz (m)	nariz (f)	[naˈriθ]
boca (f)	boca (f)	[ˈboka]

olho (m)	ojo (m)	[ˈoχo]
olhos (m pl)	ojos (m pl)	[ˈoχos]
pupila (f)	pupila (f)	[puˈpilʲa]
sobrancelha (f)	ceja (f)	[ˈθeχa]
pestana (f)	pestaña (f)	[pesˈtanja]
pálpebra (f)	párpado (m)	[ˈparpaðo]

língua (f)	lengua (f)	[ˈlengua]
dente (m)	diente (m)	[ˈdjente]
lábios (m pl)	labios (m pl)	[ˈlʲaβjos]
maçãs (f pl) do rosto	pómulos (m pl)	[ˈpomulʲos]
gengiva (f)	encía (f)	[enˈθia]
palato (m)	paladar (m)	[palʲaˈðar]

narinas (f pl)	ventanas (f pl)	[benˈtanas]
queixo (m)	mentón (m)	[menˈton]
mandíbula (f)	mandíbula (f)	[manˈdiβulʲa]
bochecha (f)	mejilla (f)	[meˈχija]

testa (f)	frente (f)	[ˈfrente]
têmpora (f)	sien (f)	[θjen]
orelha (f)	oreja (f)	[oˈreχa]
nuca (f)	nuca (f)	[ˈnuka]
pescoço (m)	cuello (m)	[kuˈejo]
garganta (f)	garganta (f)	[garˈganta]

cabelos (m pl)	pelo, cabello (m)	[ˈpelʲo], [kaˈβejo]
penteado (m)	peinado (m)	[pejˈnaðo]
corte (m) de cabelo	corte (m) de pelo	[ˈkorte de ˈpelʲo]
peruca (f)	peluca (f)	[peˈlʲuka]

bigode (m)	bigote (m)	[biˈgote]
barba (f)	barba (f)	[ˈbarβa]
usar, ter (~ barba, etc.)	tener (vt)	[teˈner]
trança (f)	trenza (f)	[ˈtrenθa]
suíças (f pl)	patillas (f pl)	[paˈtijas]

ruivo	pelirrojo (adj)	[peliˈroχo]
grisalho	gris, canoso (adj)	[gris], [kaˈnoso]
calvo	calvo (adj)	[ˈkalʲβo]
calva (f)	calva (f)	[ˈkalʲβa]
rabo-de-cavalo (m)	cola (f) de caballo	[ˈkolʲa de kaˈβajo]
franja (f)	flequillo (m)	[fleˈkijo]

29. Corpo humano

mão (f)	mano (f)	['mano]
braço (m)	brazo (m)	['braθo]
dedo (m)	dedo (m)	['deðo]
dedo (m) do pé	dedo (m) del pie	['deðo delʲ pje]
polegar (m)	dedo (m) pulgar	['deðo pulʲ'gar]
dedo (m) mindinho	dedo (m) meñique	['deðo me'njike]
unha (f)	uña (f)	['unja]
punho (m)	puño (m)	['punjo]
palma (f) da mão	palma (f)	['palʲma]
pulso (m)	muñeca (f)	[mu'njeka]
antebraço (m)	antebrazo (m)	[ante·'βraθo]
cotovelo (m)	codo (m)	['koðo]
ombro (m)	hombro (m)	['ombro]
perna (f)	pierna (f)	['pjerna]
pé (m)	planta (f)	['plʲanta]
joelho (m)	rodilla (f)	[ro'ðija]
barriga (f) da perna	pantorrilla (f)	[panto'rija]
anca (f)	cadera (f)	[ka'ðera]
calcanhar (m)	talón (m)	[ta'lʲon]
corpo (m)	cuerpo (m)	[ku'erpo]
barriga (f)	vientre (m)	['bjentre]
peito (m)	pecho (m)	['petʃo]
seio (m)	seno (m)	['seno]
lado (m)	lado (m), costado (m)	['lʲaðo], [kos'taðo]
costas (f pl)	espalda (f)	[es'palʲda]
região (f) lombar	zona (f) lumbar	['θona lʲum'bar]
cintura (f)	cintura (f), talle (m)	[θin'tura], ['taje]
umbigo (m)	ombligo (m)	[om'bligo]
nádegas (f pl)	nalgas (f pl)	['nalʲgas]
traseiro (m)	trasero (m)	[tra'sero]
sinal (m)	lunar (m)	[lʲu'nar]
sinal (m) de nascença	marca (f) de nacimiento	['marka de naθi'mjento]
tatuagem (f)	tatuaje (m)	[tatu'aχe]
cicatriz (f)	cicatriz (f)	[sika'triθ]

Vestuário & Acessórios

30. Roupa exterior. Casacos

roupa (f)	ropa (f)	['ropa]
roupa (f) exterior	ropa (f) de calle	['ropa de 'kaje]
roupa (f) de inverno	ropa (f) de invierno	['ropa de im'bjerno]
sobretudo (m)	abrigo (m)	[a'βrigo]
casaco (m) de peles	abrigo (m) de piel	[a'βrigo de pjelʲ]
casaco curto (m) de peles	abrigo (m) corto de piel	[a'βrigo 'korto de pjelʲ]
casaco (m) acolchoado	chaqueta (f) plumón	[ʧa'keta plʲu'mon]
casaco, blusão (m)	cazadora (f)	[kaθa'ðora]
impermeável (m)	impermeable (m)	[imperme'aβle]
impermeável	impermeable (adj)	[imperme'aβle]

31. Vestuário de homem & mulher

camisa (f)	camisa (f)	[ka'misa]
calças (f pl)	pantalones (m pl)	[panta'lʲones]
calças (f pl) de ganga	vaqueros (m pl)	[ba'keros]
casaco (m) de fato	chaqueta (f), saco (m)	[ʧa'keta], ['sako]
fato (m)	traje (m)	['traxe]
vestido (ex. ~ vermelho)	vestido (m)	[bes'tiðo]
saia (f)	falda (f)	['falʲda]
blusa (f)	blusa (f)	['blʲusa]
casaco (m) de malha	rebeca (f),	[re'βeka],
	chaqueta (f) de punto	[ʧa'keta de 'punto]
casaco, blazer (m)	chaqueta (f)	[ʧa'keta]
T-shirt, camiseta (f)	camiseta (f)	[kami'seta]
calções (Bermudas, etc.)	pantalones (m pl) cortos	[panta'lʲones 'kortos]
fato (m) de treino	traje (m) deportivo	['traxe depor'tiβo]
roupão (m) de banho	bata (f) de baño	['bata de 'banjo]
pijama (m)	pijama (m)	[pi'xama]
suéter (m)	suéter (m)	[su'eter]
pulôver (m)	pulóver (m)	[pu'lʲoβer]
colete (m)	chaleco (m)	[ʧa'leko]
fraque (m)	frac (m)	[frak]
smoking (m)	esmoquin (m)	[es'mokin]
uniforme (m)	uniforme (m)	[uni'forme]
roupa (f) de trabalho	ropa (f) de trabajo	['ropa de tra'βaxo]
fato-macaco (m)	mono (m)	['mono]
bata (~ branca, etc.)	bata (f)	['bata]

32. Vestuário. Roupa interior

roupa (f) interior	ropa (f) interior	['ropa inte'rjor]
cuecas boxer (f pl)	bóxer (m)	['bokser]
cuecas (f pl)	bragas (f pl)	['bragas]
camisola (f) interior	camiseta (f) interior	[kami'θeta inte'rjor]
peúgas (f pl)	calcetines (m pl)	[kalʲθe'tines]

camisa (f) de noite	camisón (m)	[kami'son]
sutiã (m)	sostén (m)	[sos'ten]
meias longas (f pl)	calcetines (m pl) altos	[kalʲθe'tines 'alʲtos]
meia-calça (f)	pantimedias (f pl)	[panti'meðias]
meias (f pl)	medias (f pl)	['meðias]
fato (m) de banho	traje (m) de baño	['traχe de 'banjo]

33. Adereços de cabeça

chapéu (m)	gorro (m)	['goro]
chapéu (m) de feltro	sombrero (m)	[som'brero]
boné (m) de beisebol	gorra (f) de béisbol	['gora de 'bejsβolʲ]
boné (m)	gorra (f) plana	['gora 'plʲana]

boina (f)	boina (f)	['bojna]
capuz (m)	capuchón (m)	[kapu'ʧon]
panamá (m)	panamá (m)	[pana'ma]
gorro (m) de malha	gorro (m) de punto	['goro de 'punto]

lenço (m)	pañuelo (m)	[panju'elʲo]
chapéu (m) de mulher	sombrero (m) de mujer	[som'brero de mu'χer]

capacete (m) de proteção	casco (m)	['kasko]
bibico (m)	gorro (m) de campaña	['goro de kam'panja]
capacete (m)	casco (m)	['kasko]

chapéu-coco (m)	bombín (m)	[bom'bin]
chapéu (m) alto	sombrero (m) de copa	[som'brero de 'kopa]

34. Calçado

calçado (m)	calzado (m)	[kalʲ'θaðo]
botinas (f pl)	botas (f pl)	['botas]
sapatos (de salto alto, etc.)	zapatos (m pl)	[θa'patos]
botas (f pl)	botas (f pl)	['botas]
pantufas (f pl)	zapatillas (f pl)	[θapa'tijas]

ténis (m pl)	tenis (m pl)	['tenis]
sapatilhas (f pl)	zapatillas (f pl) de lona	[θapa'tijas de 'lʲona]
sandálias (f pl)	sandalias (f pl)	[san'daljas]

sapateiro (m)	zapatero (m)	[θapa'tero]
salto (m)	tacón (m)	[ta'kon]

par (m)	par (m)	[par]
atacador (m)	cordón (m)	[kor'ðon]
apertar os atacadores	encordonar (vt)	[eŋkorðo'nar]
calçadeira (f)	calzador (m)	[kaⁱθa'ðor]
graxa (f) para calçado	betún (m)	[be'tun]

35. Têxtil. Tecidos

algodão (m)	algodón (m)	[alⁱgo'ðon]
de algodão	de algodón (adj)	[de alⁱgo'ðon]
linho (m)	lino (m)	['lino]
de linho	de lino (adj)	[de 'lino]

seda (f)	seda (f)	['seða]
de seda	de seda (adj)	[de 'seða]
lã (f)	lana (f)	['lⁱana]
de lã	de lana (adj)	[de 'lⁱana]

veludo (m)	terciopelo (m)	[terθjo'pelⁱo]
camurça (f)	gamuza (f)	[ga'muθa]
bombazina (f)	pana (f)	['pana]

náilon (m)	nilón (m)	[ni'lⁱon]
de náilon	de nilón (adj)	[de ni'lⁱon]
poliéster (m)	poliéster (m)	[po'ljester]
de poliéster	de poliéster (adj)	[de po'ljester]

couro (m)	piel (f)	[pjelʲ]
de couro	de piel	[de 'pjelʲ]
pele (f)	piel (f)	[pjelʲ]
de peles, de pele	de piel (adj)	[de 'pjelʲ]

36. Acessórios pessoais

luvas (f pl)	guantes (m pl)	[gu'antes]
mitenes (f pl)	manoplas (f pl)	[ma'noplⁱas]
cachecol (m)	bufanda (f)	[bu'fanda]

óculos (m pl)	gafas (f pl)	['gafas]
armação (f) de óculos	montura (f)	[mon'tura]
guarda-chuva (m)	paraguas (m)	[pa'raguas]
bengala (f)	bastón (m)	[bas'ton]
escova (f) para o cabelo	cepillo (m) de pelo	[θe'pijo de 'pelⁱo]
leque (m)	abanico (m)	[aβa'niko]

gravata (f)	corbata (f)	[kor'βata]
gravata-borboleta (f)	pajarita (f)	[paχa'rita]
suspensórios (m pl)	tirantes (m pl)	[ti'rantes]
lenço (m)	moquero (m)	[mo'kero]

| pente (m) | peine (m) | ['pejne] |
| travessão (m) | pasador (m) de pelo | [pasa'ðor de 'pelⁱo] |

gancho (m) de cabelo	horquilla (f)	[or'kija]
fivela (f)	hebilla (f)	[e'βija]
cinto (m)	cinturón (m)	[θintu'ron]
correia (f)	correa (f)	[ko'rea]
mala (f)	bolsa (f)	['bolʲsa]
mala (f) de senhora	bolso (m)	['bolʲso]
mochila (f)	mochila (f)	[mo'tʃilʲa]

37. Vestuário. Diversos

moda (f)	moda (f)	['moða]
na moda	de moda (adj)	[de 'moða]
estilista (m)	diseñador (m) de moda	[disenja'ðor de 'moða]
colarinho (m), gola (f)	cuello (m)	[ku'ejo]
bolso (m)	bolsillo (m)	[bolʲ'sijo]
de bolso	de bolsillo (adj)	[de bolʲ'sijo]
manga (f)	manga (f)	['manga]
alcinha (f)	presilla (f)	[pre'sija]
braguilha (f)	bragueta (f)	[bra'geta]
fecho (m) de correr	cremallera (f)	[krema'jera]
fecho (m), colchete (m)	cierre (m)	['θjere]
botão (m)	botón (m)	[bo'ton]
casa (f) de botão	ojal (m)	[o'χalʲ]
soltar-se (vr)	saltar (vi)	[salʲ'tar]
coser, costurar (vi)	coser (vi, vt)	[ko'ser]
bordar (vt)	bordar (vt)	[bor'ðar]
bordado (m)	bordado (m)	[bor'ðaðo]
agulha (f)	aguja (f)	[a'guχa]
fio (m)	hilo (m)	['ilʲo]
costura (f)	costura (f)	[kos'tura]
sujar-se (vr)	ensuciarse (vr)	[ensu'θjarse]
mancha (f)	mancha (f)	['mantʃa]
engelhar-se (vr)	arrugarse (vr)	[aru'garse]
rasgar (vt)	rasgar (vt)	[ras'gar]
traça (f)	polilla (f)	[po'lija]

38. Cuidados pessoais. Cosméticos

pasta (f) de dentes	pasta (f) de dientes	['pasta de 'djentes]
escova (f) de dentes	cepillo (m) de dientes	[θe'pijo de 'djentes]
escovar os dentes	limpiarse los dientes	[lim'pjarse los 'djentes]
máquina (f) de barbear	maquinilla (f) de afeitar	[maki'nija de afej'tar]
creme (m) de barbear	crema (f) de afeitar	['krema de afej'tar]
barbear-se (vr)	afeitarse (vr)	[afej'tarse]
sabonete (m)	jabón (m)	[χa'βon]

champô (m)	champú (m)	[ʧam'pu]
tesoura (f)	tijeras (f pl)	[ti'χeras]
lima (f) de unhas	lima (f) de uñas	['lima de 'unjas]
corta-unhas (m)	cortaúñas (m pl)	[korta·'unjas]
pinça (f)	pinzas (f pl)	['pinθas]

cosméticos (m pl)	cosméticos (m pl)	[kos'metikos]
máscara (f) facial	mascarilla (f)	[maska'rija]
manicura (f)	manicura (f)	[mani'kura]
fazer a manicura	hacer la manicura	[a'θer lʲa mani'kura]
pedicure (f)	pedicura (f)	[peði'kura]

mala (f) de maquilhagem	bolsa (f) de maquillaje	['bolʲsa de maki'jaχe]
pó (m)	polvos (m pl)	['polʲβos]
caixa (f) de pó	polvera (f)	[polʲ'βera]
blush (m)	colorete (m)	[kolʲo'rete]

perfume (m)	perfume (m)	[per'fume]
água (f) de toilette	agua (f) de tocador	['agua de [toka'ðor]
loção (f)	loción (f)	[lʲo'θjon]
água-de-colónia (f)	agua (f) de Colonia	['agua de ko'lʲonia]

sombra (f) de olhos	sombra (f) de ojos	['sombra de 'oχos]
lápis (m) delineador	lápiz (m) de ojos	['lʲapiθ de 'oχos]
máscara (f), rímel (m)	rímel (m)	['rimelʲ]

batom (m)	pintalabios (m)	[pinta·'lʲaβios]
verniz (m) de unhas	esmalte (m) de uñas	[es'malʲte de 'unjas]
laca (f) para cabelos	fijador (m)	[fiχa'ðor]
desodorizante (m)	desodorante (m)	[desoðo'rante]

creme (m)	crema (f)	['krema]
creme (m) de rosto	crema (f) de belleza	['krema de be'jeθa]
creme (m) de mãos	crema (f) de manos	['krema de 'manos]
creme (m) antirrugas	crema (f) antiarrugas	['krema anti·a'rugas]
creme (m) de dia	crema (f) de día	['krema de 'dia]
creme (m) de noite	crema (f) de noche	['krema de 'noʧe]
de dia	de día (adj)	[de 'dia]
da noite	de noche (adj)	[de 'noʧe]

tampão (m)	tampón (m)	[tam'pon]
papel (m) higiénico	papel (m) higiénico	[pa'pelʲ i'χjeniko]
secador (m) elétrico	secador (m) de pelo	[seka'ðor de 'pelʲo]

39. Joalheria

joias (f pl)	joyas (f pl)	['χojas]
precioso	precioso (adj)	[pre'θjoso]
marca (f) de contraste	contraste (m)	[kon'traste]

anel (m)	anillo (m)	[a'nijo]
aliança (f)	anillo (m) de boda	[a'nijo de 'boða]
pulseira (f)	pulsera (f)	[pulʲ'sera]
brincos (m pl)	pendientes (m pl)	[pen'djentes]

colar (m)	collar (m)	[ko'jar]
coroa (f)	corona (f)	[ko'rona]
colar (m) de contas	collar (m) de abalorios	[ko'jar de aβa'lʲorjos]

diamante (m)	diamante (m)	[dia'mante]
esmeralda (f)	esmeralda (f)	[esme'ralʲda]
rubi (m)	rubí (m)	[ru'βi]
safira (f)	zafiro (m)	[θa'firo]
pérola (f)	perla (f)	['perlʲa]
âmbar (m)	ámbar (m)	['ambar]

40. Relógios de pulso. Relógios

relógio (m) de pulso	reloj (m)	[re'lʲoχ]
mostrador (m)	esfera (f)	[es'fera]
ponteiro (m)	aguja (f)	[a'guχa]
bracelete (f) em aço	pulsera (f)	[pulʲ'sera]
bracelete (f) em couro	correa (f)	[ko'rea]

pilha (f)	pila (f)	['pilʲa]
descarregar-se	descargarse (vr)	[deskar'garse]
trocar a pilha	cambiar la pila	[kam'bjar lʲa 'pilʲa]
estar adiantado	adelantarse (vr)	[aðelʲan'tarθe]
estar atrasado	retrasarse (vr)	[retra'sarse]

relógio (m) de parede	reloj (m) de pared	[re'lʲoχ de pa'reð]
ampulheta (f)	reloj (m) de arena	[re'lʲoχ de a'rena]
relógio (m) de sol	reloj (m) de sol	[re'lʲoχ de 'solʲ]
despertador (m)	despertador (m)	[desperta'ðor]
relojoeiro (m)	relojero (m)	[relʲo'χero]
reparar (vt)	reparar (vt)	[repa'rar]

Alimentação. Nutrição

carne (f)	carne (f)	['karne]
galinha (f)	gallina (f)	[ga'jina]
frango (m)	pollo (m)	['pojo]
pato (m)	pato (m)	['pato]
ganso (m)	ganso (m)	['ganso]
caça (f)	caza (f) menor	['kaθa me'nor]
peru (m)	pava (f)	['paβa]
carne (f) de porco	carne (f) de cerdo	['karne de 'θerðo]
carne (f) de vitela	carne (f) de ternera	['karne de ter'nera]
carne (f) de carneiro	carne (f) de carnero	['karne de kar'nero]
carne (f) de vaca	carne (f) de vaca	['karne de 'baka]
carne (f) de coelho	conejo (m)	[ko'neχo]
chouriço, salsichão (m)	salchichón (m)	[salᵗʃi'tʃon]
salsicha (f)	salchicha (f)	[salᵗ'tʃitʃa]
bacon (m)	beicon (m)	['bejkon]
fiambre (f)	jamón (m)	[χa'mon]
presunto (m)	jamón (m) fresco	[χa'mon 'fresko]
patê (m)	paté (m)	[pa'te]
fígado (m)	hígado (m)	['igaðo]
carne (f) moída	carne (f) picada	['karne pi'kaða]
língua (f)	lengua (f)	['lengua]
ovo (m)	huevo (m)	[u'eβo]
ovos (m pl)	huevos (m pl)	[u'eβos]
clara (f) do ovo	clara (f)	['klʲara]
gema (f) do ovo	yema (f)	['jema]
peixe (m)	pescado (m)	[pes'kaðo]
mariscos (m pl)	mariscos (m pl)	[ma'riskos]
crustáceos (m pl)	crustáceos (m pl)	[krus'taθeos]
caviar (m)	caviar (m)	[ka'βjar]
caranguejo (m)	cangrejo (m) de mar	[kan'greχo de 'mar]
camarão (m)	camarón (m)	[kama'ron]
ostra (f)	ostra (f)	['ostra]
lagosta (f)	langosta (f)	[lʲan'gosta]
polvo (m)	pulpo (m)	['pulʲpo]
lula (f)	calamar (m)	[kalʲa'mar]
esturjão (m)	esturión (m)	[estu'rjon]
salmão (m)	salmón (m)	[salʲ'mon]
halibute (m)	fletán (m)	[fle'tan]
bacalhau (m)	bacalao (m)	[baka'lʲao]

cavala, sarda (f)	caballa (f)	[ka'βaja]
atum (m)	atún (m)	[a'tun]
enguia (f)	anguila (f)	[an'giljа]
truta (f)	trucha (f)	['trutʃa]
sardinha (f)	sardina (f)	[sar'ðina]
lúcio (m)	lucio (m)	['ljuθio]
arenque (m)	arenque (m)	[a'reŋke]
pão (m)	pan (m)	[pan]
queijo (m)	queso (m)	['keso]
açúcar (m)	azúcar (m)	[a'θukar]
sal (m)	sal (f)	[salj]
arroz (m)	arroz (m)	[a'roθ]
massas (f pl)	macarrones (m pl)	[maka'rones]
talharim (m)	tallarines (m pl)	[taja'rines]
manteiga (f)	mantequilla (f)	[mante'kija]
óleo (m) vegetal	aceite (m) vegetal	[a'θejte beχe'talj]
óleo (m) de girassol	aceite (m) de girasol	[a'θejte de χira'solj]
margarina (f)	margarina (f)	[marga'rina]
azeitonas (f pl)	olivas, aceitunas (f pl)	[o'liβas], [aθei'tunas]
azeite (m)	aceite (m) de oliva	[a'θejte de o'liβa]
leite (m)	leche (f)	['letʃe]
leite (m) condensado	leche (f) condensada	['letʃe konden'saða]
iogurte (m)	yogur (m)	[jo'gur]
nata (f) azeda	nata (f) agria	['nata 'aɣria]
nata (f) do leite	nata (f) líquida	['nata 'likiða]
maionese (f)	mayonesa (f)	[majo'nesa]
creme (m)	crema (f) de mantequilla	['krema de mante'kija]
grãos (m pl) de cereais	cereales (m pl) integrales	[θere'ales inte'ɣrales]
farinha (f)	harina (f)	[a'rina]
enlatados (m pl)	conservas (f pl)	[kon'serβas]
flocos (m pl) de milho	copos (m pl) de maíz	['kopos de ma'iθ]
mel (m)	miel (f)	[mjelj]
doce (m)	confitura (f)	[komfi'tura]
pastilha (f) elástica	chicle (m)	['tʃikle]

42. Bebidas

água (f)	agua (f)	['agua]
água (f) potável	agua (f) potable	['agua po'taβle]
água (f) mineral	agua (f) mineral	['agua mine'ralj]
sem gás	sin gas	[sin 'gas]
gaseificada	gaseoso (adj)	[gase'oso]
com gás	con gas	[kon 'gas]
gelo (m)	hielo (m)	['jeljo]

com gelo	con hielo	[kon 'jeliͻ]
sem álcool	sin alcohol	[sin aliko'oli]
bebida (f) sem álcool	bebida (f) sin alcohol	[be'βiða sin aliko'oli]
refresco (m)	refresco (m)	[re'fresko]
limonada (f)	limonada (f)	[limo'naða]

bebidas (f pl) alcoólicas	bebidas (f pl) alcohólicas	[be'βiðas aliko'olikas]
vinho (m)	vino (m)	['bino]
vinho (m) branco	vino (m) blanco	['bino 'blianko]
vinho (m) tinto	vino (m) tinto	['bino 'tinto]

licor (m)	licor (m)	[li'kor]
champanhe (m)	champaña (f)	[ʧam'panja]
vermute (m)	vermú (m)	[ber'mu]

uísque (m)	whisky (m)	['wiski]
vodka (f)	vodka (m)	['boðka]
gim (m)	ginebra (f)	[xi'neβra]
conhaque (m)	coñac (m)	[ko'njak]
rum (m)	ron (m)	[ron]

café (m)	café (m)	[ka'fe]
café (m) puro	café (m) solo	[ka'fe 'soliͻ]
café (m) com leite	café (m) con leche	[ka'fe kon 'leʧe]
cappuccino (m)	capuchino (m)	[kapu'ʧino]
café (m) solúvel	café (m) soluble	[ka'fe so'liuβle]

leite (m)	leche (f)	['leʧe]
coquetel (m)	cóctel (m)	['kokteli]
batido (m) de leite	batido (m)	[ba'tiðo]

sumo (m)	zumo (m), jugo (m)	['θumo], ['xugo]
sumo (m) de tomate	jugo (m) de tomate	['xugo de to'mate]
sumo (m) de laranja	zumo (m) de naranja	['θumo de na'ranxa]
sumo (m) fresco	zumo (m) fresco	['θumo 'fresko]

cerveja (f)	cerveza (f)	[θer'βeθa]
cerveja (f) clara	cerveza (f) rubia	[θer'βeθa 'ruβia]
cerveja (f) preta	cerveza (f) negra	[θer'βeθa 'neɣra]

chá (m)	té (m)	[te]
chá (m) preto	té (m) negro	['te 'neɣro]
chá (m) verde	té (m) verde	['te 'berðe]

43. Vegetais

| legumes (m pl) | legumbres (f pl) | [le'gumbres] |
| verduras (f pl) | verduras (f pl) | [ber'ðuras] |

tomate (m)	tomate (m)	[to'mate]
pepino (m)	pepino (m)	[pe'pino]
cenoura (f)	zanahoria (f)	[θana'oria]
batata (f)	patata (f)	[pa'tata]
cebola (f)	cebolla (f)	[θe'βoja]

alho (m)	ajo (m)	['aχo]
couve (f)	col (f)	[kolʲ]
couve-flor (f)	coliflor (f)	[koli'flʲor]
couve-de-bruxelas (f)	col (f) de Bruselas	[kolʲ de bru'selʲas]
brócolos (m pl)	brócoli (m)	['brokoli]

beterraba (f)	remolacha (f)	[remo'lʲatʃa]
beringela (f)	berenjena (f)	[beren'χena]
curgete (f)	calabacín (m)	[kalʲa'βa'θin]
abóbora (f)	calabaza (f)	[kalʲa'βaθa]
nabo (m)	nabo (m)	['naβo]

salsa (f)	perejil (m)	[pere'χilʲ]
funcho, endro (m)	eneldo (m)	[e'nelʲdo]
alface (f)	lechuga (f)	[le'tʃuga]
aipo (m)	apio (m)	['apio]
espargo (m)	espárrago (m)	[es'parago]
espinafre (m)	espinaca (f)	[espi'naka]

ervilha (f)	guisante (m)	[gi'sante]
fava (f)	habas (f pl)	['aβas]
milho (m)	maíz (m)	[ma'iθ]
feijão (m)	fréjol (m)	['freχolʲ]

pimentão (m)	pimiento (m) dulce	[pi'mjento 'dulθe]
rabanete (m)	rábano (m)	['raβano]
alcachofra (f)	alcachofa (f)	[alʲka'tʃofa]

44. Frutos. Nozes

fruta (f)	fruto (m)	['fruto]
maçã (f)	manzana (f)	[man'θana]
pera (f)	pera (f)	['pera]
limão (m)	limón (m)	[li'mon]
laranja (f)	naranja (f)	[na'ranχa]
morango (m)	fresa (f)	['fresa]

tangerina (f)	mandarina (f)	[manda'rina]
ameixa (f)	ciruela (f)	[θiru'elʲa]
pêssego (m)	melocotón (m)	[melʲoko'ton]
damasco (m)	albaricoque (m)	[alʲβari'koke]
framboesa (f)	frambuesa (f)	[frambu'esa]
ananás (m)	piña (f)	['pinja]

banana (f)	banana (f)	[ba'nana]
melancia (f)	sandía (f)	[san'dia]
uva (f)	uva (f)	['uβa]
ginja (f)	guinda (f)	['ginda]
cereja (f)	cereza (f)	[θe'reθa]
meloa (f)	melón (m)	[me'lʲon]

toranja (f)	pomelo (m)	[po'melʲo]
abacate (m)	aguacate (m)	[agua'kate]
papaia (f)	papaya (f)	[pa'paja]

manga (f)	mango (m)	['mango]
romã (f)	granada (f)	[gra'naða]

groselha (f) vermelha	grosella (f) roja	[gro'seja 'roχa]
groselha (f) preta	grosella (f) negra	[gro'seja 'neɣra]
groselha (f) espinhosa	grosella (f) espinosa	[gro'seja espi'nosa]
mirtilo (m)	arándano (m)	[a'randano]
amora silvestre (f)	zarzamoras (f pl)	[θarθa'moras]

uvas (f pl) passas	pasas (f pl)	['pasas]
figo (m)	higo (m)	['igo]
tâmara (f)	dátil (m)	['datilʲ]

amendoim (m)	cacahuete (m)	[kakau'ete]
amêndoa (f)	almendra (f)	[alʲ'mendra]
noz (f)	nuez (f)	[nu'eθ]
avelã (f)	avellana (f)	[aβe'jana]
coco (m)	nuez (f) de coco	[nu'eθ de 'koko]
pistáchios (m pl)	pistachos (m pl)	[pis'tatʃos]

45. Pão. Bolaria

pastelaria (f)	pasteles (m pl)	[pas'teles]
pão (m)	pan (m)	[pan]
bolacha (f)	galletas (f pl)	[ga'jetas]

chocolate (m)	chocolate (m)	[tʃoko'lʲate]
de chocolate	de chocolate (adj)	[de tʃoko'lʲate]
rebuçado (m)	caramelo (m)	[kara'melʲo]
bolo (cupcake, etc.)	mini tarta (f)	['mini 'tarta]
bolo (m) de aniversário	tarta (f)	['tarta]

tarte (~ de maçã)	tarta (f)	['tarta]
recheio (m)	relleno (m)	[re'jeno]

doce (m)	confitura (f)	[komfi'tura]
geleia (f) de frutas	mermelada (f)	[merme'lʲaða]
waffle (m)	gofre (m)	['gofre]
gelado (m)	helado (m)	[e'lʲaðo]
pudim (m)	pudin (m)	['puðin]

46. Pratos cozinhados

prato (m)	plato (m)	['plʲato]
cozinha (~ portuguesa)	cocina (f)	[ko'θina]
receita (f)	receta (f)	[re'θeta]
porção (f)	porción (f)	[por'θjon]

salada (f)	ensalada (f)	[ensa'lʲaða]
sopa (f)	sopa (f)	['sopa]
caldo (m)	caldo (m)	['kalʲdo]
sandes (f)	bocadillo (m)	[boka'ðijo]

ovos (m pl) estrelados	huevos (m pl) fritos	[u'eβos 'fritos]
hambúrguer (m)	hamburguesa (f)	[ambur'gesa]
bife (m)	bistec (m)	[bis'tek]

conduto (m)	guarnición (f)	[guarni'θjon]
espaguete (m)	espagueti (m)	[espa'geti]
puré (m) de batata	puré (m) de patatas	[pu're de pa'tatas]
pizza (f)	pizza (f)	['pitsa]
papa (f)	gachas (f pl)	['gatʃas]
omelete (f)	tortilla (f) francesa	[tor'tija fran'θesa]

cozido em água	cocido en agua (adj)	[ko'θiðo en 'agua]
fumado	ahumado (adj)	[au'maðo]
frito	frito (adj)	['frito]
seco	seco (adj)	['seko]
congelado	congelado (adj)	[konχe'lʲaðo]
em conserva	marinado (adj)	[mari'naðo]

doce (açucarado)	azucarado, dulce (adj)	[aθuka'raðo], ['dulʲθe]
salgado	salado (adj)	[sa'lʲaðo]
frio	frío (adj)	['frio]
quente	caliente (adj)	[ka'ljente]
amargo	amargo (adj)	[a'margo]
gostoso	sabroso (adj)	[sa'βroso]

cozinhar (em água a ferver)	cocer (vt) en agua	[ko'θer en 'agua]
fazer, preparar (vt)	preparar (vt)	[prepa'rar]
fritar (vt)	freír (vt)	[fre'ir]
aquecer (vt)	calentar (vt)	[kalen'tar]

salgar (vt)	salar (vt)	[sa'lʲar]
apimentar (vt)	poner pimienta	[po'ner pi'mjenta]
ralar (vt)	rallar (vt)	[ra'jar]
casca (f)	piel (f)	[pjelʲ]
descascar (vt)	pelar (vt)	[pe'lʲar]

47. Especiarias

sal (m)	sal (f)	[salʲ]
salgado	salado (adj)	[sa'lʲaðo]
salgar (vt)	salar (vt)	[sa'lʲar]

pimenta (f) preta	pimienta (f) negra	[pi'mjenta 'neɣra]
pimenta (f) vermelha	pimienta (f) roja	[pi'mjenta 'roχa]
mostarda (f)	mostaza (f)	[mos'taθa]
raiz-forte (f)	rábano (m) picante	['raβano pi'kante]

condimento (m)	condimento (m)	[kondi'mento]
especiaria (f)	especia (f)	[es'peθia]
molho (m)	salsa (f)	['salʲsa]
vinagre (m)	vinagre (m)	[bi'naɣre]

| anis (m) | anís (m) | [a'nis] |
| manjericão (m) | albahaca (f) | [alʲβa'aka] |

49

cravo (m)	clavo (m)	['klʲaβo]
gengibre (m)	jengibre (m)	[χen'χiβre]
coentro (m)	cilantro (m)	[θi'lʲantro]
canela (f)	canela (f)	[ka'nelʲa]

sésamo (m)	sésamo (m)	['sesamo]
folhas (f pl) de louro	hoja (f) de laurel	['oχa de lʲau'relʲ]
páprica (f)	paprika (f)	[pap'rika]
cominho (m)	comino (m)	[ko'mino]
açafrão (m)	azafrán (m)	[aθa'fran]

48. Refeições

| comida (f) | comida (f) | [ko'miða] |
| comer (vt) | comer (vi, vt) | [ko'mer] |

pequeno-almoço (m)	desayuno (m)	[desa'χuno]
tomar o pequeno-almoço	desayunar (vi)	[desaχu'nar]
almoço (m)	almuerzo (m)	[alʲmu'erθo]
almoçar (vi)	almorzar (vi)	[alʲmor'θar]
jantar (m)	cena (f)	['θena]
jantar (vi)	cenar (vi)	[θe'nar]

| apetite (m) | apetito (m) | [ape'tito] |
| Bom apetite! | ¡Que aproveche! | [ke apro'βetʃe] |

abrir (~ uma lata, etc.)	abrir (vt)	[a'βrir]
derramar (vt)	derramar (vt)	[dera'mar]
derramar-se (vr)	derramarse (vr)	[dera'marse]

ferver (vi)	hervir (vi)	[er'βir]
ferver (vt)	hervir (vt)	[er'βir]
fervido	hervido (adj)	[er'βiðo]

| arrefecer (vt) | enfriar (vt) | [eɱfri'ar] |
| arrefecer-se (vr) | enfriarse (vr) | [eɱfri'arse] |

| sabor, gosto (m) | sabor (m) | [sa'βor] |
| gostinho (m) | regusto (m) | [re'gusto] |

fazer dieta	adelgazar (vi)	[aðelʲga'θar]
dieta (f)	dieta (f)	[di'eta]
vitamina (f)	vitamina (f)	[bita'mina]
caloria (f)	caloría (f)	[kalʲo'ria]

| vegetariano (m) | vegetariano (m) | [beχeta'rjano] |
| vegetariano | vegetariano (adj) | [beχeta'rjano] |

gorduras (f pl)	grasas (f pl)	['grasas]
proteínas (f pl)	proteínas (f pl)	[prote'inas]
carboidratos (m pl)	carbohidratos (m pl)	[karβoi'ðratos]
fatia (~ de limão, etc.)	loncha (f)	['lʲontʃa]
pedaço (~ de bolo)	pedazo (m)	[pe'ðaθo]
migalha (f)	miga (f)	['miga]

49. Por a mesa

colher (f)	cuchara (f)	[ku'tʃara]
faca (f)	cuchillo (m)	[ku'tʃijo]
garfo (m)	tenedor (m)	[tene'ðor]
chávena (f)	taza (f)	['taθa]
prato (m)	plato (m)	['plʲato]
pires (m)	platillo (m)	[plʲa'tijo]
guardanapo (m)	servilleta (f)	[serβi'jeta]
palito (m)	mondadientes (m)	[monda'ðjentes]

50. Restaurante

restaurante (m)	restaurante (m)	[restau'rante]
café (m)	cafetería (f)	[kafete'ria]
bar (m), cervejaria (f)	bar (m)	[bar]
salão (m) de chá	salón (m) de té	[sa'lʲon de 'te]
empregado (m) de mesa	camarero (m)	[kama'rero]
empregada (f) de mesa	camarera (f)	[kama'rera]
barman (m)	barman (m)	['barman]
ementa (f)	carta (f), menú (m)	['karta], [me'nu]
lista (f) de vinhos	carta (f) de vinos	['karta de 'binos]
reservar uma mesa	reservar una mesa	[reser'βar 'una 'mesa]
prato (m)	plato (m)	['plʲato]
pedir (vt)	pedir (vt)	[pe'ðir]
fazer o pedido	hacer un pedido	[a'θer un pe'ðiðo]
aperitivo (m)	aperitivo (m)	[aperi'tiβo]
entrada (f)	entremés (m)	[entre'mes]
sobremesa (f)	postre (m)	['postre]
conta (f)	cuenta (f)	[ku'enta]
pagar a conta	pagar la cuenta	[pa'gar lʲa ku'enta]
dar o troco	dar la vuelta	['dar lʲa bu'elta]
gorjeta (f)	propina (f)	[pro'pina]

Família, parentes e amigos

nome (m)	nombre (m)	['nombre]
apelido (m)	apellido (m)	[ape'jiðo]
data (f) de nascimento	fecha (f) de nacimiento	['fetʃa de naθi'mjento]
local (m) de nascimento	lugar (m) de nacimiento	[lʲu'gar de naθi'mjento]

nacionalidade (f)	nacionalidad (f)	[naθjonali'ðað]
lugar (m) de residência	domicilio (m)	[domi'θilio]
país (m)	país (m)	[pa'is]
profissão (f)	profesión (f)	[profe'sjon]

sexo (m)	sexo (m)	['sekso]
estatura (f)	estatura (f)	[esta'tura]
peso (m)	peso (m)	['peso]

mãe (f)	madre (f)	['maðre]
pai (m)	padre (m)	['paðre]
filho (m)	hijo (m)	['iχo]
filha (f)	hija (f)	['iχa]

filha (f) mais nova	hija (f) menor	['iχa me'nor]
filho (m) mais novo	hijo (m) menor	['iχo me'nor]
filha (f) mais velha	hija (f) mayor	['iχa ma'jor]
filho (m) mais velho	hijo (m) mayor	['iχo ma'jor]

irmão (m)	hermano (m)	[er'mano]
irmão (m) mais velho	hermano (m) mayor	[er'mano ma'jor]
irmão (m) mais novo	hermano (m) menor	[er'mano me'nor]
irmã (f)	hermana (f)	[er'mana]
irmã (f) mais velha	hermana (f) mayor	[er'mana ma'jor]
irmã (f) mais nova	hermana (f) menor	[er'mana me'nor]

primo (m)	primo (m)	['primo]
prima (f)	prima (f)	['prima]
mamã (f)	mamá (f)	[ma'ma]
papá (m)	papá (m)	[pa'pa]
pais (pl)	padres (pl)	['paðres]
criança (f)	niño (m), niña (f)	['ninjo], ['ninja]
crianças (f pl)	niños (pl)	['ninjos]

avó (f)	abuela (f)	[aβu'elʲa]
avô (m)	abuelo (m)	[aβu'elʲo]
neto (m)	nieto (m)	['njeto]

| neta (f) | nieta (f) | ['njeta] |
| netos (pl) | nietos (pl) | ['njetos] |

tio (m)	tío (m)	['tio]
tia (f)	tía (f)	['tia]
sobrinho (m)	sobrino (m)	[so'βrino]
sobrinha (f)	sobrina (f)	[so'βrina]

sogra (f)	suegra (f)	[su'eɣra]
sogro (m)	suegro (m)	[su'eɣro]
genro (m)	yerno (m)	['jerno]
madrasta (f)	madrastra (f)	[ma'ðrastra]
padrasto (m)	padrastro (m)	[pa'ðrastro]

criança (f) de colo	niño (m) de pecho	['ninjo de 'petʃo]
bebé (m)	bebé (m)	[be'βe]
menino (m)	chico (m)	['tʃiko]

mulher (f)	mujer (f)	[mu'χer]
marido (m)	marido (m)	[ma'riðo]
esposo (m)	esposo (m)	[es'poso]
esposa (f)	esposa (f)	[es'posa]

casado	casado (adj)	[ka'saðo]
casada	casada (adj)	[ka'saða]
solteiro	soltero (adj)	[solʲ'tero]
solteirão (m)	soltero (m)	[solʲ'tero]
divorciado	divorciado (adj)	[diβor'θjaðo]
viúva (f)	viuda (f)	['bjuða]
viúvo (m)	viudo (m)	['bjuðo]

parente (m)	pariente (m)	[pa'rjente]
parente (m) próximo	pariente (m) cercano	[pa'rjente θer'kano]
parente (m) distante	pariente (m) lejano	[pa'rjente le'χano]
parentes (m pl)	parientes (pl)	[pa'rjentes]

órfão (m)	huérfano (m)	[u'erfano]
órfã (f)	huérfana (f)	[u'erfana]
tutor (m)	tutor (m)	[tu'tor]
adotar (um filho)	adoptar, ahijar (vt)	[aðop'tar], [ai'χar]
adotar (uma filha)	adoptar, ahijar (vt)	[aðop'tar], [ai'χar]

53. Amigos. Colegas de trabalho

amigo (m)	amigo (m)	[a'migo]
amiga (f)	amiga (f)	[a'miga]
amizade (f)	amistad (f)	[amis'tað]
ser amigos	ser amigo	[ser a'migo]

amigo (m)	amigote (m)	[ami'gote]
amiga (f)	amiguete (f)	[ami'gete]
parceiro (m)	compañero (m)	[kompa'njero]
chefe (m)	jefe (m)	['χefe]
superior (m)	superior (m)	[supe'rjor]

proprietário (m)	propietario (m)	[propje'tario]
subordinado (m)	subordinado (m)	[suβorði'naðo]
colega (m)	colega (m, f)	[ko'lega]

conhecido (m)	conocido (m)	[kono'θiðo]
companheiro (m) de viagem	compañero (m) de viaje	[kompa'njero de 'bjaχe]
colega (m) de classe	condiscípulo (m)	[kondi'θipulʲo]

vizinho (m)	vecino (m)	[be'θino]
vizinha (f)	vecina (f)	[be'θina]
vizinhos (pl)	vecinos (pl)	[be'θinos]

54. Homem. Mulher

mulher (f)	mujer (f)	[mu'χer]
rapariga (f)	muchacha (f)	[mu'ʧaʧa]
noiva (f)	novia (f)	['noβia]

bonita	guapa (adj)	[gu'apa]
alta	alta (adj)	['alʲta]
esbelta	esbelta (adj)	[es'βelʲta]
de estatura média	de estatura mediana	[de esta'tura me'ðjana]

loura (f)	rubia (f)	['ruβia]
morena (f)	morena (f)	[mo'rena]

de senhora	de señora (adj)	[de se'njora]
virgem (f)	virgen (f)	['birχen]
grávida	embarazada (adj)	[embara'θaða]

homem (m)	hombre (m)	['ombre]
louro (m)	rubio (m)	['ruβio]
moreno (m)	moreno (m)	[mo'reno]
alto	alto (adj)	['alʲto]
de estatura média	de estatura mediana	[de esta'tura me'ðjana]

rude	grosero (adj)	[gro'sero]
atarracado	rechoncho (adj)	[re'ʧonʧo]
robusto	robusto (adj)	[ro'βusto]
forte	fuerte (adj)	[fu'erte]
força (f)	fuerza (f)	[fu'erθa]

gordo	gordo (adj)	['gorðo]
moreno	moreno (adj)	[mo'reno]
esbelto	esbelto (adj)	[es'βelʲto]
elegante	elegante (adj)	[ele'gante]

55. Idade

idade (f)	edad (f)	[e'ðað]
juventude (f)	juventud (f)	[χuβen'tuð]
jovem	joven (adj)	['χoβen]

mais novo	menor (adj)	[me'nor]
mais velho	mayor (adj)	[ma'jor]
jovem (m)	joven (m)	['χoβen]
adolescente (m)	adolescente (m)	[aðole'θente]
rapaz (m)	muchacho (m)	[mu'ʧaʧo]
velho (m)	anciano (m)	[an'θjano]
velhota (f)	anciana (f)	[an'θjana]
adulto	adulto	[a'ðulʲto]
de meia-idade	de edad media (adj)	[de e'ðað 'meðia]
idoso, de idade	anciano, mayor (adj)	[an'θjano], [ma'jor]
velho	viejo (adj)	['bjeχo]
reforma (f)	jubilación (f)	[χuβilʲa'θjon]
reformar-se (vr)	jubilarse (vr)	[χuβi'lʲarse]
reformado (m)	jubilado (m)	[χuβi'lʲaðo]

56. Crianças

criança (f)	niño (m), niña (f)	['ninjo], ['ninja]
crianças (f pl)	niños (pl)	['ninjos]
gémeos (m pl)	gemelos (pl)	[χe'melʲos]
berço (m)	cuna (f)	['kuna]
guizo (m)	sonajero (m)	[sona'χero]
fralda (f)	pañal (m)	[pa'njalʲ]
chupeta (f)	chupete (m)	[ʧu'pete]
carrinho (m) de bebé	cochecito (m)	[koʧe'θito]
jardim (m) de infância	jardín (m) de infancia	[χar'ðin de iɱ'fanθia]
babysitter (f)	niñera (f)	[ni'njera]
infância (f)	infancia (f)	[iɱ'fanθia]
boneca (f)	muñeca (f)	[mu'njeka]
brinquedo (m)	juguete (m)	[χu'gete]
jogo (m) de armar	mecano (m)	[me'kano]
bem-educado	bien criado (adj)	[bjen kri'aðo]
mal-educado	mal criado (adj)	[malʲ kri'aðo]
mimado	mimado (adj)	[mi'maðo]
ser travesso	hacer travesuras	[a'θer traβe'suras]
travesso, traquinas	travieso (adj)	[tra'βjeso]
travessura (f)	travesura (f)	[traβe'sura]
criança (f) travessa	travieso (m)	[tra'βjeso]
obediente	obediente (adj)	[oβe'ðjente]
desobediente	desobediente (adj)	[desoβe'ðjente]
dócil	dócil (adj)	['doθilʲ]
inteligente	inteligente (adj)	[inteli'χente]
menino (m) prodígio	niño (m) prodigio	['ninjo pro'ðiχio]

57. Casais. Vida de família

beijar (vt)	besar (vt)	[be'sar]
beijar-se (vr)	besarse (vr)	[be'sarse]
família (f)	familia (f)	[fa'milia]
familiar	familiar (adj)	[fami'ljar]
casal (m)	pareja (f)	[pa'reχa]
matrimónio (m)	matrimonio (m)	[matri'monio]
lar (m)	hogar (m) familiar	[o'gar fami'ljar]
dinastia (f)	dinastía (f)	[dinas'tia]
encontro (m)	cita (f)	['θita]
beijo (m)	beso (m)	['beso]
amor (m)	amor (m)	[a'mor]
amar (vt)	querer (vt)	[ke'rer]
amado, querido	querido (adj)	[ke'riðo]
ternura (f)	ternura (f)	[ter'nura]
fiel	fiel (adj)	['fjelʲ]
cuidado (m)	cuidado (m)	[kui'ðaðo]
carinhoso	cariñoso (adj)	[kari'njoso]
recém-casados (m pl)	recién casados (pl)	[re'θjen ka'saðos]
lua de mel (f)	luna (f) de miel	['lʲuna de mjelʲ]
casar-se (com um homem)	estar casada	[es'tar ka'saða]
casar-se (com uma mulher)	casarse (vr)	[ka'sarse]
boda (f)	boda (f)	['boða]
bodas (f pl) de ouro	bodas (f pl) de oro	['boðas de 'oro]
aniversário (m)	aniversario (m)	[aniβer'sario]
amante (m)	amante (m)	[a'mante]
amante (f)	amante (f)	[a'mante]
adultério (m)	adulterio (m)	[aðulʲ'terio]
cometer adultério	cometer adulterio	[kome'ter aðulʲ'terio]
ciumento	celoso (adj)	[θe'lʲoso]
ser ciumento	tener celos	[te'ner 'θelʲos]
divórcio (m)	divorcio (m)	[di'βorθio]
divorciar-se (vr)	divorciarse (vr)	[diβor'θjarse]
brigar (discutir)	reñir (vi)	[re'njir]
fazer as pazes	reconciliarse (vr)	[rekonθi'ljarse]
juntos	juntos (adv)	['χuntos]
sexo (m)	sexo (m)	['sekso]
felicidade (f)	felicidad (f)	[feliθi'ðað]
feliz	feliz (adj)	[fe'liθ]
infelicidade (f)	desgracia (f)	[des'ɣraθia]
infeliz	desgraciado (adj)	[desɣra'θjaðo]

Caráter. Sentimentos. Emoções

sentimento (m)	sentimiento (m)	[senti'mjento]
sentimentos (m pl)	sentimientos (m pl)	[senti'mjentos]
sentir (vt)	sentir (vt)	[sen'tir]
fome (f)	hambre (f)	['ambre]
ter fome	tener hambre	[te'ner 'ambre]
sede (f)	sed (f)	[seð]
ter sede	tener sed	[te'ner 'seð]
sonolência (f)	somnolencia (f)	[somno'lenθia]
estar sonolento	tener sueño	[te'ner su'enjo]
cansaço (m)	cansancio (m)	[kan'sanθio]
cansado	cansado (adj)	[kan'saðo]
ficar cansado	estar cansado	[es'tar kan'saðo]
humor (m)	humor (m)	[u'mor]
tédio (m)	aburrimiento (m)	[aβuri'mjento]
aborrecer-se (vr)	aburrirse (vr)	[aβu'rirse]
isolamento (m)	soledad (f)	[sole'ðað]
isolar-se	aislarse (vr)	[ais'lʲarse]
preocupar (vt)	inquietar (vt)	[inkje'tar]
preocupar-se (vr)	inquietarse (vr)	[inkje'tarse]
preocupação (f)	inquietud (f)	[inkje'tuð]
ansiedade (f)	preocupación (f)	[preokupa'θjon]
preocupado	preocupado (adj)	[preoku'paðo]
estar nervoso	estar nervioso	[es'tar ner'βjoso]
entrar em pânico	darse al pánico	['darse alʲ 'paniko]
esperança (f)	esperanza (f)	[espe'ranθa]
esperar (vt)	esperar (vi)	[espe'rar]
certeza (f)	seguridad (f)	[seguri'ðað]
certo	seguro (adj)	[se'guro]
indecisão (f)	inseguridad (f)	[inseguri'ðað]
indeciso	inseguro (adj)	[inse'guro]
ébrio, bêbado	borracho (adj)	[bo'ratʃo]
sóbrio	sobrio (adj)	['soβrio]
fraco	débil (adj)	['deβilʲ]
feliz	feliz (adj)	[fe'liθ]
assustar (vt)	asustar (vt)	[asus'tar]
fúria (f)	furia (f)	['furia]
ira, raiva (f)	rabia (f)	['raβia]
depressão (f)	depresión (f)	[depre'sjon]
desconforto (m)	incomodidad (f)	[iŋkomoði'ðað]

conforto (m)	comodidad (f)	[komoði'ðað]
arrepender-se (vr)	arrepentirse (vr)	[arepen'tirse]
arrependimento (m)	arrepentimiento (m)	[arepenti'mjento]
azar (m), má sorte (f)	mala suerte (f)	['malʲa su'erte]
tristeza (f)	tristeza (f)	[tris'teθa]

vergonha (f)	vergüenza (f)	[berɣu'enθa]
alegria (f)	júbilo (m)	['χuβilʲo]
entusiasmo (m)	entusiasmo (m)	[entu'sjasmo]
entusiasta (m)	entusiasta (m)	[entu'sjasta]
mostrar entusiasmo	mostrar entusiasmo	[mos'trar entu'sjasmo]

59. Caráter. Personalidade

caráter (m)	carácter (m)	[ka'rakter]
falha (f) de caráter	defecto (m)	[de'fekto]
mente (f)	mente (f)	['mente]
razão (f)	razón (f)	[ra'θon]

consciência (f)	consciencia (f)	[kon'θjenθia]
hábito (m)	hábito (m)	['aβito]
habilidade (f)	habilidad (f)	[aβili'ðað]
saber (~ nadar, etc.)	poder (vt)	[po'ðer]

paciente	paciente (adj)	[pa'θjente]
impaciente	impaciente (adj)	[impa'θjente]
curioso	curioso (adj)	[ku'rjoso]
curiosidade (f)	curiosidad (f)	[ku'rjosi'ðað]

modéstia (f)	modestia (f)	[mo'ðestia]
modesto	modesto (adj)	[mo'ðesto]
imodesto	inmodesto (adj)	[inmo'ðesto]

preguiça (f)	pereza (f)	[pe're θa]
preguiçoso	perezoso (adj)	[pere'θoso]
preguiçoso (m)	perezoso (m)	[pere'θoso]

astúcia (f)	astucia (f)	[as'tuθia]
astuto	astuto (adj)	[as'tuto]
desconfiança (f)	desconfianza (f)	[deskoɱ'fjanθa]
desconfiado	desconfiado (adj)	[deskoɱ'fjaðo]

generosidade (f)	generosidad (f)	[χenerosi'ðað]
generoso	generoso (adj)	[χene'roso]
talentoso	talentoso (adj)	[talen'toso]
talento (m)	talento (m)	[ta'lento]

corajoso	valiente (adj)	[ba'ljente]
coragem (f)	coraje (m)	[ko'raχe]
honesto	honesto (adj)	[o'nesto]
honestidade (f)	honestidad (f)	[onesti'ðað]

prudente	prudente (adj)	[pru'ðente]
valente	valeroso (adj)	[bale'roso]

sério	serio (adj)	['serio]
severo	severo (adj)	[se'βero]

decidido	decidido (adj)	[deθi'ðiðo]
indeciso	indeciso (adj)	[inde'θiso]
tímido	tímido (adj)	['timiðo]
timidez (f)	timidez (f)	[timi'ðeθ]

confiança (f)	confianza (f)	[koɱ'fjanθa]
confiar (vt)	creer (vt)	[kre'er]
crédulo	confiado (adj)	[koɱ'fjaðo]

sinceramente	sinceramente (adv)	[sinθera'mente]
sincero	sincero (adj)	[sin'θero]
sinceridade (f)	sinceridad (f)	[sinθeri'ðað]
aberto	abierto (adj)	[a'βjerto]

calmo	calmado (adj)	[kalʲ'maðo]
franco	franco (adj)	['fraŋko]
ingénuo	ingenuo (adj)	[in'χenuo]
distraído	distraído (adj)	[distra'iðo]
engraçado	gracioso (adj)	[gra'θjoso]

ganância (f)	avaricia (f)	[aβa'riθia]
ganancioso	avaro (adj)	[a'βaro]
avarento	tacaño (adj)	[ta'kanjo]
mau	malvado (adj)	[malʲ'βaðo]
teimoso	terco (adj)	['terko]
desagradável	desagradable (adj)	[desaɣra'ðaβle]

egoísta (m)	egoísta (m)	[ego'ista]
egoísta	egoísta (adj)	[ego'ista]
cobarde (m)	cobarde (m)	[ko'βarðe]
cobarde	cobarde (adj)	[ko'βarðe]

60. O sono. Sonhos

dormir (vi)	dormir (vi)	[dor'mir]
sono (m)	sueño (m)	[su'enjo]
sonho (m)	sueño (m)	[su'enjo]
sonhar (vi)	soñar (vi)	[so'njar]
sonolento	adormilado (adj)	[aðormi'lʲaðo]

cama (f)	cama (f)	['kama]
colchão (m)	colchón (m)	[kolʲ'ʧon]
cobertor (m)	manta (f)	['manta]
almofada (f)	almohada (f)	[alʲmo'aða]
lençol (m)	sábana (f)	['saβana]

insónia (f)	insomnio (m)	[in'somnio]
insone	de insomnio (adj)	[de in'somnio]
sonífero (m)	somnífero (m)	[som'nifero]
tomar um sonífero	tomar el somnífero	[to'mar elʲ som'nifero]
estar sonolento	tener sueño	[te'ner su'enjo]

bocejar (vi)	bostezar (vi)	[boste'θar]
ir para a cama	irse a la cama	['irse a lʲa 'kama]
fazer a cama	hacer la cama	[a'θer lʲa 'kama]
adormecer (vi)	dormirse (vr)	[dor'mirse]

pesadelo (m)	pesadilla (f)	[pesa'ðija]
ronco (m)	ronquido (m)	[roŋ'kiðo]
roncar (vi)	roncar (vi)	[roŋ'kar]

despertador (m)	despertador (m)	[desperta'ðor]
acordar, despertar (vt)	despertar (vt)	[desper'tar]
acordar (vi)	despertarse (vr)	[desper'tarse]
levantar-se (vr)	levantarse (vr)	[leβan'tarse]
lavar-se (vr)	lavarse (vr)	[lʲa'βarse]

61. Humor. Riso. Alegria

humor (m)	humor (m)	[u'mor]
sentido (m) de humor	sentido (m) del humor	[sen'tiðo delʲ u'mor]
divertir-se (vr)	divertirse (vr)	[diβer'tirse]
alegre	alegre (adj)	[a'leɣre]
alegria (f)	júbilo (m)	['χuβilʲo]

sorriso (m)	sonrisa (f)	[son'risa]
sorrir (vi)	sonreír (vi)	[sonre'ir]
começar a rir	echarse a reír	[e'tʃarse a re'ir]
rir (vi)	reírse (vr)	[re'irse]
riso (m)	risa (f)	['risa]

anedota (f)	anécdota (f)	[a'nekðota]
engraçado	gracioso (adj)	[gra'θjoso]
ridículo	ridículo (adj)	[ri'ðikulʲo]

brincar, fazer piadas	bromear (vi)	[brome'ar]
piada (f)	broma (f)	['broma]
alegria (f)	alegría (f)	[ale'ɣria]
regozijar-se (vr)	alegrarse (vr)	[ale'ɣrarse]
alegre	alegre (adj)	[a'leɣre]

62. Discussão, conversação. Parte 1

| comunicação (f) | comunicación (f) | [komunika'θjon] |
| comunicar-se (vr) | comunicarse (vr) | [komuni'karse] |

conversa (f)	conversación (f)	[kombersa'θjon]
diálogo (m)	diálogo (m)	['djalʲogo]
discussão (f)	discusión (f)	[disku'sjon]
debate (m)	debate (m)	[de'βate]
debater (vt)	debatir (vi)	[deβa'tir]

| interlocutor (m) | interlocutor (m) | [interlʲoku'tor] |
| tema (m) | tema (m) | ['tema] |

ponto (m) de vista	punto (m) de vista	['punto de 'bista]
opinião (f)	opinión (f)	[opi'njon]
discurso (m)	discurso (m)	[dis'kurso]

discussão (f)	discusión (f)	[disku'sjon]
discutir (vt)	discutir (vt)	[disku'tir]
conversa (f)	conversación (f)	[kombersa'θjon]
conversar (vi)	conversar (vi)	[komber'sar]
encontro (m)	reunión (f)	[reu'njon]
encontrar-se (vr)	encontrarse (vr)	[eŋkon'trarse]

provérbio (m)	proverbio (m)	[pro'βerβio]
ditado (m)	dicho (m)	['diʧo]
adivinha (f)	adivinanza (f)	[aðiβi'nanθa]
dizer uma adivinha	contar una adivinanza	[kon'tar una aðiβi'nanθa]
senha (f)	contraseña (f)	[kontra'senja]
segredo (m)	secreto (m)	[se'kreto]

juramento (m)	juramento (m)	[xura'mento]
jurar (vi)	jurar (vt)	[xu'rar]
promessa (f)	promesa (f)	[pro'mesa]
prometer (vt)	prometer (vt)	[prome'ter]

conselho (m)	consejo (m)	[kon'sexo]
aconselhar (vt)	aconsejar (vt)	[akonse'xar]
seguir o conselho	seguir un consejo	[se'gir un kon'sexo]
escutar (~ os conselhos)	escuchar (vt)	[esku'ʧar]

novidade, notícia (f)	noticias (f pl)	[no'tiθias]
sensação (f)	sensación (f)	[sensa'θjon]
informação (f)	información (f)	[imforma'θjon]
conclusão (f)	conclusión (f)	[koŋklʲu'sjon]
voz (f)	voz (f)	[boθ]
elogio (m)	cumplido (m)	[kum'pliðo]
amável	amable (adj)	[a'maβle]

palavra (f)	palabra (f)	[pa'lʲaβra]
frase (f)	frase (f)	['frase]
resposta (f)	respuesta (f)	[respu'esta]

verdade (f)	verdad (f)	[ber'ðað]
mentira (f)	mentira (f)	[men'tira]

pensamento (m)	pensamiento (m)	[pensa'mjento]
ideia (f)	idea (f)	[i'ðea]
fantasia (f)	fantasía (f)	[fanta'sia]

63. Discussão, conversação. Parte 2

estimado	respetado (adj)	[respe'taðo]
respeitar (vt)	respetar (vt)	[respe'tar]
respeito (m)	respeto (m)	[res'peto]
Estimado ..., Caro ...	Estimado ...	[estI'maðo]
apresentar (vt)	presentar (vt)	[presen'tar]

travar conhecimento	conocer a alguien	[kono'θer a 'alˠgjen]
intenção (f)	intención (f)	[inten'θjon]
tencionar (vt)	tener intención de ...	[te'ner inten'θjon de]
desejo (m)	deseo (m)	[de'seo]
desejar (ex. ~ boa sorte)	desear (vt)	[dese'ar]
surpresa (f)	sorpresa (f)	[sor'presa]
surpreender (vt)	sorprender (vt)	[sorpren'der]
surpreender-se (vr)	sorprenderse (vr)	[sorpren'derse]
dar (vt)	dar (vt)	[dar]
pegar (tomar)	tomar (vt)	[to'mar]
devolver (vt)	devolver (vt)	[deβolˠ'βer]
retornar (vt)	retornar (vt)	[retor'nar]
desculpar-se (vr)	disculparse (vr)	[diskulˠ'parse]
desculpa (f)	disculpa (f)	[dis'kulˠpa]
perdoar (vt)	perdonar (vt)	[perðo'nar]
falar (vi)	hablar (vi)	[a'βlˠar]
escutar (vt)	escuchar (vt)	[esku'ʧar]
ouvir até o fim	escuchar hasta el final	[esku'ʧar 'asta elˠ fi'nalˠ]
compreender (vt)	comprender (vt)	[kompren'der]
mostrar (vt)	mostrar (vt)	[mos'trar]
olhar para ...	mirar a ...	[mi'rar a]
chamar (dizer em voz alta o nome)	llamar (vt)	[ja'mar]
distrair (vt)	distraer (vt)	[distra'er]
perturbar (vt)	molestar (vt)	[moles'tar]
entregar (~ em mãos)	pasar (vt)	[pa'sar]
pedido (m)	petición (f)	[peti'θjon]
pedir (ex. ~ ajuda)	pedir (vt)	[pe'ðir]
exigência (f)	exigencia (f)	[eksi'χenθia]
exigir (vt)	exigir (vt)	[eksi'χir]
chamar nomes (vt)	motejar (vr)	[mote'χar]
zombar (vt)	burlarse (vr)	[bur'lˠarse]
zombaria (f)	burla (f)	['burlˠa]
alcunha (f)	apodo (m)	[a'poðo]
insinuação (f)	alusión (f)	[alˠu'θjon]
insinuar (vt)	aludir (vi)	[alˠu'ðir]
subentender (vt)	sobrentender (vt)	['soβrenten'der]
descrição (f)	descripción (f)	[deskrip'θjon]
descrever (vt)	describir (vt)	[deskri'βir]
elogio (m)	elogio (m)	[e'lˠoχio]
elogiar (vt)	elogiar (vt)	[elˠo'χjar]
desapontamento (m)	decepción (f)	[deθep'θjon]
desapontar (vt)	decepcionar (vt)	[deθepθjo'nar]
desapontar-se (vr)	estar decepcionado	[es'tar deθepθjo'naðo]
suposição (f)	suposición (f)	[suposi'θjon]
supor (vt)	suponer (vt)	[supo'ner]

| advertência (f) | advertencia (f) | [aðβer'tenθia] |
| advertir (vt) | prevenir (vt) | [preβe'nir] |

64. Discussão, conversação. Parte 3

| convencer (vt) | convencer (vt) | [komben'θer] |
| acalmar (vt) | calmar (vt) | [kalʲ'mar] |

silêncio (o ~ é de ouro)	silencio (m)	[si'lenθio]
ficar em silêncio	no decir nada	[no de'θir 'naða]
sussurrar (vt)	susurrar (vt)	[susu'rar]
sussurro (m)	susurro (m)	[su'suro]

| francamente | francamente (adv) | [fraŋka'mente] |
| a meu ver ... | en mi opinión ... | [en mi opi'njon] |

detalhe (~ da história)	detalle (m)	[de'taje]
detalhado	detallado (adj)	[deta'jaðo]
detalhadamente	detalladamente (adv)	[detajaða'mente]

| dica (f) | pista (f) | ['pista] |
| dar uma dica | dar una pista | [dar 'una 'pista] |

olhar (m)	mirada (f)	[mi'raða]
dar uma vista de olhos	echar una mirada	[e'ʧar 'una mi'raða]
fixo (olhar ~)	fija (adj)	['fiχa]
piscar (vi)	parpadear (vi)	[parpaðe'ar]
pestanejar (vt)	guiñar un ojo	[gi'njar un 'oχo]
acenar (com a cabeça)	asentir con la cabeza	[asen'tir kon lʲa ka'βeθa]

suspiro (m)	suspiro (m)	[sus'piro]
suspirar (vi)	suspirar (vi)	[suspi'rar]
estremecer (vi)	estremecerse (vr)	[estreme'θerse]
gesto (m)	gesto (m)	['χesto]
tocar (com as mãos)	tocar (vt)	[to'kar]
agarrar (~ pelo braço)	asir (vt)	[a'sir]
bater de leve	palmear (vt)	[palʲme'ar]

Cuidado!	¡Cuidado!	[kui'ðaðo]
A sério?	¿De veras?	[de 'beras]
Tem certeza?	¿Estás seguro?	[es'tas se'guro]
Boa sorte!	¡Suerte!	[su'erte]
Compreendi!	¡Ya veo!	[ja 'beo]
Que pena!	¡Es una lástima!	[es 'una 'lʲastima]

65. Acordo. Recusa

consentimento (~ mútuo)	acuerdo (m)	[aku'erðo]
consentir (vi)	estar de acuerdo	[es'tar de aku'erðo]
aprovação (f)	aprobación (f)	[aproβa'θjon]
aprovar (vt)	aprobar (vt)	[apro'βar]
recusa (f)	rechazo (m)	[re'ʧaθo]

negar-se (vt)	negarse (vr)	[ne'garse]
Está ótimo!	¡Excelente!	[ekθe'lente]
Muito bem!	¡De acuerdo!	[de aku'erðo]
Está bem! De acordo!	¡Vale!	['bale]

proibido	prohibido (adj)	[proi'βiðo]
é proibido	está prohibido	[es'ta proi'βiðo]
é impossível	es imposible	[es impo'siβle]
incorreto	incorrecto (adj)	[iŋko'rekto]

rejeitar (~ um pedido)	rechazar (vt)	[reʧa'θar]
apoiar (vt)	apoyar (vt)	[apo'jar]
aceitar (desculpas, etc.)	aceptar (vt)	[aθep'tar]

confirmar (vt)	confirmar (vt)	[koɱfir'mar]
confirmação (f)	confirmación (f)	[koɱfirma'θjon]
permissão (f)	permiso (m)	[per'miso]
permitir (vt)	permitir (vt)	[permi'tir]
decisão (f)	decisión (f)	[deθi'sjon]
não dizer nada	no decir nada	[no de'θir 'naða]

condição (com uma ~)	condición (f)	[kondi'θjon]
pretexto (m)	excusa (f)	[eks'kusa]
elogio (m)	elogio (m)	[e'ˡloxio]
elogiar (vt)	elogiar (vt)	[elˡo'xjar]

66. Sucesso. Boa sorte. Insucesso

êxito, sucesso (m)	éxito (m)	['eksito]
com êxito	con éxito (adv)	[kon 'eksito]
bem sucedido	exitoso (adj)	[eksi'toso]

sorte (fortuna)	suerte (f)	[su'erte]
Boa sorte!	¡Suerte!	[su'erte]
de sorte	de suerte (adj)	[de su'erte]
sortudo, felizardo	afortunado (adj)	[afortu'naðo]

fracasso (m)	fiasco (m)	['fjasko]
pouca sorte (f)	infortunio (m)	[iɱfor'tunio]
azar (m), má sorte (f)	mala suerte (f)	['malˡa su'erte]

mal sucedido	fracasado (adj)	[fraka'saðo]
catástrofe (f)	catástrofe (f)	[ka'tastrofe]

orgulho (m)	orgullo (m)	[or'gujo]
orgulhoso	orgulloso (adj)	[orgu'joso]
estar orgulhoso	estar orgulloso	[es'tar orgu'joso]

vencedor (m)	ganador (m)	[gana'ðor]
vencer (vi)	ganar (vi)	[ga'nar]
perder (vt)	perder (vi)	[per'ðer]
tentativa (f)	tentativa (f)	[tenta'tiβa]
tentar (vt)	intentar (vt)	[inten'tar]
chance (m)	chance (f)	['ʧanθe]

67. Conflitos. Emoções negativas

grito (m)	grito (m)	['grito]
gritar (vi)	gritar (vi)	[gri'tar]
começar a gritar	comenzar a gritar	[komen'θar a gri'tar]
discussão (f)	riña (f)	['rinja]
discutir (vt)	reñir (vi)	[re'njir]
escândalo (m)	escándalo (m)	[es'kandaljo]
criar escândalo	causar escándalo	[kau'sar es'kandaljo]
conflito (m)	conflicto (m)	[koɱ'flikto]
mal-entendido (m)	malentendido (m)	[malenten'diðo]
insulto (m)	insulto (m)	[in'suljto]
insultar (vt)	insultar (vt)	[insulj'tar]
insultado	insultado (adj)	[insulj'taðo]
ofensa (f)	ofensa (f)	[o'fensa]
ofender (vt)	ofender (vt)	[ofen'der]
ofender-se (vr)	ofenderse (vr)	[ofen'derse]
indignação (f)	indignación (f)	[indiɣna'θjon]
indignar-se (vr)	indignarse (vr)	[indiɣ'narse]
queixa (f)	queja (f)	['keχa]
queixar-se (vr)	quejarse (vr)	[ke'χarse]
desculpa (f)	disculpa (f)	[dis'kuljpa]
desculpar-se (vr)	disculparse (vr)	[diskulj'parse]
pedir perdão	pedir perdón	[pe'ðir per'ðon]
crítica (f)	crítica (f)	['kritika]
criticar (vt)	criticar (vt)	[kriti'kar]
acusação (f)	acusación (f)	[akusa'θjon]
acusar (vt)	acusar (vt)	[aku'sar]
vingança (f)	venganza (f)	[ben'ganθa]
vingar (vt)	vengar (vt)	[ben'gar]
vingar-se (vr)	pagar (vt)	[pa'gar]
desprezo (m)	desprecio (m)	[des'preθio]
desprezar (vt)	despreciar (vt)	[despre'θjar]
ódio (m)	odio (m)	['oðio]
odiar (vt)	odiar (vt)	[o'ðjar]
nervoso	nervioso (adj)	[ner'βjoso]
estar nervoso	estar nervioso	[es'tar ner'βjoso]
zangado	enfadado (adj)	[eɱfa'ðaðo]
zangar (vt)	enfadar (vt)	[eɱfa'ðar]
humilhação (f)	humillación (f)	[umija'θjon]
humilhar (vt)	humillar (vt)	[umi'jar]
humilhar-se (vr)	humillarse (vr)	[umi'jarse]
choque (m)	choque (m)	['ʧoke]
chocar (vt)	chocar (vi)	[ʧo'kar]
aborrecimento (m)	molestia (f)	[mo'lestia]

desagradável	desagradable (adj)	[desaɣra'ðaβle]
medo (m)	miedo (m)	['mjeðo]
terrível (tempestade, etc.)	terrible (adj)	[te'riβle]
assustador (ex. história ~a)	de miedo (adj)	[de 'mjeðo]
horror (m)	horror (m)	[o'ror]
horrível (crime, etc.)	horrible (adj)	[o'riβle]

começar a tremer	empezar a temblar	[empe'θar a tem'bliar]
chorar (vi)	llorar (vi)	[jo'rar]
começar a chorar	comenzar a llorar	[komen'θar a jo'rar]
lágrima (f)	lágrima (f)	['liaɣrima]

falta (f)	culpa (f)	['kulipa]
culpa (f)	remordimiento (m)	[remorði'mjento]
desonra (f)	deshonra (f)	[de'sonra]
protesto (m)	protesta (f)	[pro'testa]
stresse (m)	estrés (m)	[es'tres]

perturbar (vt)	molestar (vt)	[moles'tar]
zangar-se com ...	estar furioso	[es'tar fu'rjoθo]
zangado	enfadado (adj)	[eɱfa'ðaðo]
terminar (vt)	terminar (vt)	[termi'nar]
praguejar	regañar (vt)	[rega'njar]

assustar-se	asustarse (vr)	[asus'tarse]
golpear (vt)	golpear (vt)	[golipe'ar]
brigar (na rua, etc.)	pelear (vi)	[pele'ar]

resolver (o conflito)	resolver (vt)	[resoli'βer]
descontente	descontento (adj)	[deskon'tento]
furioso	furioso (adj)	[fu'rjoso]

| Não está bem! | ¡No está bien! | [no es'ta 'bjen] |
| É mau! | ¡Está mal! | [es'ta 'mali] |

Medicina

68. Doenças

doença (f)	enfermedad (f)	[eɱferme'ðað]
estar doente	estar enfermo	[es'tar eɱ'fermo]
saúde (f)	salud (f)	[sa'lʲuð]
nariz (m) a escorrer	resfriado (m)	[resfri'aðo]
amigdalite (f)	angina (f)	[an'xina]
constipação (f)	resfriado (m)	[resfri'aðo]
constipar-se (vr)	resfriarse (vr)	[resfri'arse]
bronquite (f)	bronquitis (f)	[broŋ'kitis]
pneumonia (f)	pulmonía (f)	[pulʲmo'nia]
gripe (f)	gripe (f)	['gripe]
míope	miope (adj)	[mi'ope]
presbita	présbita (adj)	['presβita]
estrabismo (m)	estrabismo (m)	[estra'βismo]
estrábico	estrábico (m) (adj)	[es'traβiko]
catarata (f)	catarata (f)	[kata'rata]
glaucoma (m)	glaucoma (m)	[glʲau'koma]
AVC (m), apoplexia (f)	insulto (m)	[in'sulʲto]
ataque (m) cardíaco	ataque (m) cardiaco	[a'take kar'ðjako]
enfarte (m) do miocárdio	infarto (m) de miocardio	[iɱ'farto de mio'karðio]
paralisia (f)	parálisis (f)	[pa'ralisis]
paralisar (vt)	paralizar (vt)	[parali'θar]
alergia (f)	alergia (f)	[a'lerxia]
asma (f)	asma (f)	['asma]
diabetes (f)	diabetes (f)	[dia'βetes]
dor (f) de dentes	dolor (m) de muelas	[do'lʲor de mu'elʲas]
cárie (f)	caries (f)	['karies]
diarreia (f)	diarrea (f)	[dia'rea]
prisão (f) de ventre	estreñimiento (m)	[estrenji'mjento]
desarranjo (m) intestinal	molestia (f) estomacal	[mo'lestja estoma'kalʲ]
intoxicação (f) alimentar	envenenamiento (m)	[embenena'mjento]
intoxicar-se	envenenarse (vr)	[embene'narse]
artrite (f)	artritis (f)	[ar'tritis]
raquitismo (m)	raquitismo (m)	[raki'tismo]
reumatismo (m)	reumatismo (m)	[reuma'tismo]
arteriosclerose (f)	aterosclerosis (f)	[ateroskle'rosis]
gastrite (f)	gastritis (f)	[gas'tritis]
apendicite (f)	apendicitis (f)	[apendi'θitis]

colecistite (f)	colecistitis (f)	[koleθis'titis]
úlcera (f)	úlcera (f)	['ulʲθera]

sarampo (m)	sarampión (m)	[saram'pjon]
rubéola (f)	rubeola (f)	[ruβe'olʲa]
iterícia (f)	ictericia (f)	[ikte'riθia]
hepatite (f)	hepatitis (f)	[epa'titis]

esquizofrenia (f)	esquizofrenia (f)	[eskiθo'frenia]
raiva (f)	rabia (f)	['raβia]
neurose (f)	neurosis (f)	[neu'rosis]
comoção (f) cerebral	conmoción (f) cerebral	[konmo'θjon θere'βralʲ]

cancro (m)	cáncer (m)	['kanθer]
esclerose (f)	esclerosis (f)	[eskle'rosis]
esclerose (f) múltipla	esclerosis (f) múltiple	[eskle'rosis 'mulʲtiple]

alcoolismo (m)	alcoholismo (m)	[alʲkoo'lismo]
alcoólico (m)	alcohólico (m)	[alʲko'oliko]
sífilis (f)	sífilis (f)	['sifilis]
SIDA (f)	SIDA (m)	['siða]

tumor (m)	tumor (m)	[tu'mor]
maligno	maligno (adj)	[ma'liɣno]
benigno	benigno (adj)	[be'niɣno]
febre (f)	fiebre (f)	['fjeβre]
malária (f)	malaria (f)	[ma'lʲaria]
gangrena (f)	gangrena (f)	[gan'grena]
enjoo (m)	mareo (m)	[ma'reo]
epilepsia (f)	epilepsia (f)	[epi'lepsia]

epidemia (f)	epidemia (f)	[epi'ðemia]
tifo (m)	tifus (m)	['tifus]
tuberculose (f)	tuberculosis (f)	[tuβerku'lʲosis]
cólera (f)	cólera (f)	['kolera]
peste (f)	peste (f)	['peste]

69. Sintomas. Tratamentos. Parte 1

sintoma (m)	síntoma (m)	['sintoma]
temperatura (f)	temperatura (f)	[tempera'tura]
febre (f)	fiebre (f)	['fjeβre]
pulso (m)	pulso (m)	['pulʲso]

vertigem (f)	mareo (m)	[ma'reo]
quente (testa, etc.)	caliente (adj)	[ka'ljente]
calafrio (m)	escalofrío (m)	[eskalʲo'frio]
pálido	pálido (adj)	['paliðo]

tosse (f)	tos (f)	[tos]
tossir (vi)	toser (vi)	[to'ser]
espirrar (vi)	estornudar (vi)	[estornu'ðar]
desmaio (m)	desmayo (m)	[des'majo]
desmaiar (vi)	desmayarse (vr)	[desma'jarse]

nódoa (f) negra	moradura (f)	[mora'ðura]
galo (m)	chichón (m)	[ʧi'ʧon]
magoar-se (vr)	golpearse (vr)	[golʲpe'arse]
pisadura (f)	magulladura (f)	[maguja'ðura]
aleijar-se (vr)	magullarse (vr)	[magu'jarse]

coxear (vi)	cojear (vi)	[koҳe'ar]
deslocação (f)	dislocación (f)	[dislʲoka'θjon]
deslocar (vt)	dislocar (vt)	[dislʲo'kar]
fratura (f)	fractura (f)	[frak'tura]
fraturar (vt)	tener una fractura	[te'ner 'una frak'tura]

corte (m)	corte (m)	['korte]
cortar-se (vr)	cortarse (vr)	[kor'tarse]
hemorragia (f)	hemorragia (f)	[emo'raҳia]

queimadura (f)	quemadura (f)	[kema'ðura]
queimar-se (vr)	quemarse (vr)	[ke'marse]

picar (vt)	pincharse (vt)	[pin'ʧarse]
picar-se (vr)	pincharse (vr)	[pin'ʧarse]
lesionar (vt)	herir (vt)	[e'rir]
lesão (m)	herida (f)	[e'riða]
ferida (f), ferimento (m)	lesión (f)	[le'sjon]
trauma (m)	trauma (m)	['trauma]

delirar (vi)	delirar (vi)	[deli'rar]
gaguejar (vi)	tartamudear (vi)	[tartamuðe'ar]
insolação (f)	insolación (f)	[insolʲa'θjon]

70. Sintomas. Tratamentos. Parte 2

dor (f)	dolor (m)	[do'lʲor]
farpa (no dedo)	astilla (f)	[as'tija]

suor (m)	sudor (m)	[su'ðor]
suar (vi)	sudar (vi)	[su'ðar]
vómito (m)	vómito (m)	['bomito]
convulsões (f pl)	convulsiones (f pl)	[kombulʲ'sjones]

grávida	embarazada (adj)	[embara'θaða]
nascer (vi)	nacer (vi)	[na'θer]
parto (m)	parto (m)	['parto]
dar à luz	dar a luz	[dar a lʲuθ]
aborto (m)	aborto (m)	[a'βorto]

respiração (f)	respiración (f)	[respira'θjon]
inspiração (f)	inspiración (f)	[inspira'θjon]
expiração (f)	espiración (f)	[espira'θjon]
expirar (vi)	espirar (vi)	[espi'rar]
inspirar (vi)	inspirar (vi)	[inspi'rar]

inválido (m)	inválido (m)	[im'baliðo]
aleijado (m)	mutilado (m)	[muti'lʲaðo]

toxicodependente (m)	drogadicto (m)	[droɣ·a'ðikto]
surdo	sordo (adj)	['sorðo]
mudo	mudo (adj)	['muðo]
surdo-mudo	sordomudo (adj)	[sorðo'muðo]

louco (adj.)	loco (adj)	['lʲoko]
louco (m)	loco (m)	['lʲoko]
louca (f)	loca (f)	['lʲoka]
ficar louco	volverse loco	[bolʲ'βerse 'lʲoko]

gene (m)	gen (m)	[χen]
imunidade (f)	inmunidad (f)	[inmuni'ðað]
hereditário	hereditario (adj)	[ereði'tario]
congénito	de nacimiento (adj)	[de naθi'mjento]

vírus (m)	virus (m)	['birus]
micróbio (m)	microbio (m)	[mi'kroβio]
bactéria (f)	bacteria (f)	[bak'teria]
infeção (f)	infección (f)	[imfek'θjon]

71. Sintomas. Tratamentos. Parte 3

hospital (m)	hospital (m)	[ospi'talʲ]
paciente (m)	paciente (m)	[pa'θjente]

diagnóstico (m)	diagnosis (f)	[dia'ɣnosis]
cura (f)	cura (f)	['kura]
tratamento (m) médico	tratamiento (m)	[trata'mjento]
curar-se (vr)	curarse (vr)	[ku'rarse]
tratar (vt)	tratar (vt)	[tra'tar]
cuidar (pessoa)	cuidar (vt)	[kui'ðar]
cuidados (m pl)	cuidados (m pl)	[kui'ðaðos]

operação (f)	operación (f)	[opera'θjon]
enfaixar (vt)	vendar (vt)	[ben'dar]
enfaixamento (m)	vendaje (m)	[ben'daχe]

vacinação (f)	vacunación (f)	[bakuna'θjon]
vacinar (vt)	vacunar (vt)	[baku'nar]
injeção (f)	inyección (f)	[injek'θjon]
dar uma injeção	aplicar una inyección	[apli'kar 'una injek'θjon]

ataque (~ de asma, etc.)	ataque (m)	[a'take]
amputação (f)	amputación (f)	[amputa'θjon]
amputar (vt)	amputar (vt)	[ampu'tar]
coma (f)	coma (m)	['koma]
estar em coma	estar en coma	[es'tar en 'koma]
reanimação (f)	revitalización (f)	[reβitaliθa'θjon]

recuperar-se (vr)	recuperarse (vr)	[rekupe'rarse]
estado (~ de saúde)	estado (m)	[es'taðo]
consciência (f)	consciencia (f)	[kon'θjenθia]
memória (f)	memoria (f)	[me'moria]
tirar (vt)	extraer (vt)	[ekstra'er]

| chumbo (m), obturação (f) | empaste (m) | [em'paste] |
| chumbar, obturar (vt) | empastar (vt) | [empas'tar] |

| hipnose (f) | hipnosis (f) | [ip'nosis] |
| hipnotizar (vt) | hipnotizar (vt) | [ipnoti'θar] |

72. Médicos

médico (m)	médico (m)	['meðiko]
enfermeira (f)	enfermera (f)	[eɲfer'mera]
médico (m) pessoal	médico (m) personal	['meðiko perso'nalʲ]

dentista (m)	dentista (m)	[den'tista]
oculista (m)	oftalmólogo (m)	[oftalʲ'molʲogo]
terapeuta (m)	internista (m)	[inter'nista]
cirurgião (m)	cirujano (m)	[θiru'xano]

psiquiatra (m)	psiquiatra (m)	[si'kjatra]
pediatra (m)	pediatra (m)	[pe'ðjatra]
psicólogo (m)	psicólogo (m)	[si'kolʲogo]
ginecologista (m)	ginecólogo (m)	[xine'kolʲogo]
cardiologista (m)	cardiólogo (m)	[karði'olʲogo]

73. Medicina. Drogas. Acessórios

medicamento (m)	medicamento (m), droga (f)	[meðika'mento], ['droga]
remédio (m)	remedio (m)	[re'meðio]
receitar (vt)	prescribir	[preskri'βir]
receita (f)	receta (f)	[re'θeta]

comprimido (m)	tableta (f)	[ta'βleta]
pomada (f)	ungüento (m)	[ungu'ento]
ampola (f)	ampolla (f)	[am'poja]
preparado (m)	mixtura (f), mezcla (f)	[miks'tura], ['meθklʲa]
xarope (m)	sirope (m)	[si'rope]
cápsula (f)	píldora (f)	['pilʲdora]
remédio (m) em pó	polvo (m)	['polʲβo]

ligadura (f)	venda (f)	['benda]
algodão (m)	algodón (m)	[alʲgo'ðon]
iodo (m)	yodo (m)	['joðo]

penso (m) rápido	tirita (f), curita (f)	[ti'rita], [ku'rita]
conta-gotas (m)	pipeta (f)	[pi'peta]
termómetro (m)	termómetro (m)	[ter'mometro]
seringa (f)	jeringa (f)	[xe'ringa]

| cadeira (f) de rodas | silla (f) de ruedas | ['sija de ru'eðas] |
| muletas (f pl) | muletas (f pl) | [mu'letas] |

| analgésico (m) | anestésico (m) | [anes'tesiko] |
| laxante (m) | purgante (m) | [pur'gante] |

álcool (m) etílico	alcohol (m)	[alʲkoˈolʲ]
ervas (f pl) medicinais	hierba (f) medicinal	[ˈjerβa meðiθiˈnalʲ]
de ervas (chá ~)	de hierbas (adj)	[de ˈjerβas]

74. Fumar. Produtos tabágicos

tabaco (m)	tabaco (m)	[taˈβako]
cigarro (m)	cigarrillo (m)	[θigaˈrijo]
charuto (m)	cigarro (m)	[θiˈgaro]
cachimbo (m)	pipa (f)	[ˈpipa]
maço (~ de cigarros)	paquete (m)	[paˈkete]

fósforos (m pl)	cerillas (f pl)	[θeˈrijas]
caixa (f) de fósforos	caja (f) de cerillas	[ˈkaχa de θeˈrijas]
isqueiro (m)	encendedor (m)	[enθendeˈðor]
cinzeiro (m)	cenicero (m)	[θeniˈθero]
cigarreira (f)	pitillera (f)	[pitiˈjera]

| boquilha (f) | boquilla (f) | [boˈkija] |
| filtro (m) | filtro (m) | [ˈfilʲtro] |

fumar (vi, vt)	fumar (vi, vt)	[fuˈmar]
acender um cigarro	encender un cigarrillo	[enθenˈder un θigaˈrijo]
tabagismo (m)	tabaquismo (m)	[taβaˈkismo]
fumador (m)	fumador (m)	[fumaˈðor]

beata (f)	colilla (f)	[koˈlija]
fumo (m)	humo (m)	[ˈumo]
cinza (f)	ceniza (f)	[θeˈniθa]

HABITAT HUMANO

Cidade

cidade (f)	ciudad (f)	[θju'ðað]
capital (f)	capital (f)	[kapi'talʲ]
aldeia (f)	aldea (f)	[alʲ'ðea]
mapa (m) da cidade	plano (m) de la ciudad	['plʲano de lʲa θju'ðað]
centro (m) da cidade	centro (m) de la ciudad	['θentro de lʲa θju'ðað]
subúrbio (m)	suburbio (m)	[su'βurβio]
suburbano	suburbano (adj)	[suβur'βano]
periferia (f)	arrabal (m)	[ara'βalʲ]
arredores (m pl)	afueras (f pl)	[afu'eras]
quarteirão (m)	barrio (m)	['bario]
quarteirão (m) residencial	zona (f) de viviendas	['θona de bi'βjendas]
tráfego (m)	tráfico (m)	['trafiko]
semáforo (m)	semáforo (m)	[se'maforo]
transporte (m) público	transporte (m) urbano	[trans'porte ur'βano]
cruzamento (m)	cruce (m)	['kruθe]
passadeira (f)	paso (m) de peatones	['paso de pea'tones]
passagem (f) subterrânea	paso (m) subterráneo	['paso suβte'raneo]
cruzar, atravessar (vt)	cruzar (vt)	[kru'θar]
peão (m)	peatón (m)	[pea'ton]
passeio (m)	acera (f)	[a'θera]
ponte (f)	puente (m)	[pu'ente]
margem (f) do rio	muelle (m)	[mu'eje]
fonte (f)	fuente (f)	[fu'ente]
alameda (f)	alameda (f)	[alʲa'meða]
parque (m)	parque (m)	['parke]
bulevar (m)	bulevar (m)	[bule'βar]
praça (f)	plaza (f)	['plʲaθa]
avenida (f)	avenida (f)	[aβe'niða]
rua (f)	calle (f)	['kaje]
travessa (f)	callejón (m)	[kaje'χon]
beco (m) sem saída	callejón (m) sin salida	[kaje'χon sin sa'liða]
casa (f)	casa (f)	['kasa]
edifício, prédio (m)	edificio (m)	[eði'fiθio]
arranha-céus (m)	rascacielos (m)	[raska'θjelʲos]
fachada (f)	fachada (f)	[fa'tʃaða]
telhado (m)	techo (m)	['tetʃo]

janela (f)	ventana (f)	[ben'tana]
arco (m)	arco (m)	['arko]
coluna (f)	columna (f)	[ko'lʲumna]
esquina (f)	esquina (f)	[es'kina]

montra (f)	escaparate (f)	[eskapa'rate]
letreiro (m)	letrero (m)	[le'trero]
cartaz (m)	cartel (m)	[kar'telʲ]
cartaz (m) publicitário	cartel (m) publicitario	[kar'telʲ puβliθi'tario]
painel (m) publicitário	valla (f) publicitaria	['baja puβliθi'taria]

lixo (m)	basura (f)	[ba'sura]
cesta (f) do lixo	cajón (m) de basura	[ka'χon de ba'sura]
jogar lixo na rua	tirar basura	[ti'rar ba'sura]
aterro (m) sanitário	basurero (m)	[basu'rero]

cabine (f) telefónica	cabina (f) telefónica	[ka'βina tele'fonika]
candeeiro (m) de rua	farola (f)	[fa'rolʲa]
banco (m)	banco (m)	['baŋko]

polícia (m)	policía (m)	[poli'θia]
polícia (instituição)	policía (f)	[poli'θia]
mendigo (m)	mendigo (m)	[men'digo]
sem-abrigo (m)	persona (f) sin hogar	[per'sona sin o'gar]

76. Instituições urbanas

loja (f)	tienda (f)	['tjenda]
farmácia (f)	farmacia (f)	[far'maθia]
ótica (f)	óptica (f)	['optika]
centro (m) comercial	centro (m) comercial	['θentro komer'θjalʲ]
supermercado (m)	supermercado (m)	[supermer'kaðo]

padaria (f)	panadería (f)	[panaðe'ria]
padeiro (m)	panadero (m)	[pana'ðero]
pastelaria (f)	pastelería (f)	[pastele'ria]
mercearia (f)	tienda (f) de comestibles	['tjenda de komes'tiβles]
talho (m)	carnicería (f)	[karniθe'ria]

| loja (f) de legumes | verdulería (f) | [berðule'ria] |
| mercado (m) | mercado (m) | [mer'kaðo] |

café (m)	cafetería (f)	[kafete'ria]
restaurante (m)	restaurante (m)	[restau'rante]
bar (m), cervejaria (f)	cervecería (f)	[θerβeθe'ria]
pizzaria (f)	pizzería (f)	[pitse'ria]

salão (m) de cabeleireiro	peluquería (f)	[pelʲuke'ria]
correios (m pl)	oficina (f) de correos	[ofi'θina de ko'reos]
lavandaria (f)	tintorería (f)	[tintore'ria]
estúdio (m) fotográfico	estudio (m) fotográfico	[es'tuðjo foto'ɣrafiko]

| sapataria (f) | zapatería (f) | [θapate'ria] |
| livraria (f) | librería (f) | [liβre'ria] |

Português	Espanhol	Pronúncia
loja (f) de artigos de desporto	tienda (f) deportiva	['tjenda depor'tiβa]
reparação (f) de roupa	arreglos (m pl) de ropa	[a'reɣlʲos de 'ropa]
aluguer (m) de roupa	alquiler (m) de ropa	[alʲki'ler de 'ropa]
aluguer (m) de filmes	videoclub (m)	[biðeo·'klʲuβ]
circo (m)	circo (m)	['θirko]
jardim (m) zoológico	zoológico (m)	[θoo'lʲoxiko]
cinema (m)	cine (m)	['θine]
museu (m)	museo (m)	[mu'seo]
biblioteca (f)	biblioteca (f)	[biβlio'teka]
teatro (m)	teatro (m)	[te'atro]
ópera (f)	ópera (f)	['opera]
clube (m) noturno	club (m) nocturno	[klʲuβ nok'turno]
casino (m)	casino (m)	[ka'sino]
mesquita (f)	mezquita (f)	[meθ'kita]
sinagoga (f)	sinagoga (f)	[sina'goga]
catedral (f)	catedral (f)	[kate'ðralʲ]
templo (m)	templo (m)	['templʲo]
igreja (f)	iglesia (f)	[i'ɣlesia]
instituto (m)	instituto (m)	[insti'tuto]
universidade (f)	universidad (f)	[uniβersi'ðað]
escola (f)	escuela (f)	[esku'elʲa]
prefeitura (f)	prefectura (f)	[prefek'tura]
câmara (f) municipal	alcaldía (f)	[alʲkalʲ'ðia]
hotel (m)	hotel (m)	[o'telʲ]
banco (m)	banco (m)	['baŋko]
embaixada (f)	embajada (f)	[emba'xaða]
agência (f) de viagens	agencia (f) de viajes	[a'xenθja de 'bjaxes]
agência (f) de informações	oficina (f) de información	[ofi'θina de iɱforma'θjon]
casa (f) de câmbio	oficina (f) de cambio	[ofi'θina de 'kambio]
metro (m)	metro (m)	['metro]
hospital (m)	hospital (m)	[ospi'talʲ]
posto (m) de gasolina	gasolinera (f)	[gasoli'nera]
parque (m) de estacionamento	aparcamiento (m)	[aparka'mjento]

77. Transportes urbanos

Português	Espanhol	Pronúncia
autocarro (m)	autobús (m)	[auto'βus]
elétrico (m)	tranvía (m)	[tram'bia]
troleicarro (m)	trolebús (m)	[trole'βus]
itinerário (m)	itinerario (m)	[itine'rario]
número (m)	número (m)	['numero]
ir de ... (carro, etc.)	ir en ...	[ir en]
entrar (~ no autocarro)	tomar (vt)	[to'mar]
descer de ...	bajar del ...	[ba'xar delʲ]
paragem (f)	parada (f)	[pa'raða]

próxima paragem (f)	próxima parada (f)	['proksima pa'raða]
ponto (m) final	parada (f) final	[pa'raða fi'nalʲ]
horário (m)	horario (m)	[o'rario]
esperar (vt)	esperar (vt)	[espe'rar]

bilhete (m)	billete (m)	[bi'jete]
custo (m) do bilhete	precio (m) del billete	['preθjo delʲ bi'jete]

bilheteiro (m)	cajero (m)	[ka'χero]
controlo (m) dos bilhetes	control (m) de billetes	[kon'trolʲ de bi'jetes]
revisor (m)	revisor (m)	[rebi'sor]

atrasar-se (vr)	llegar tarde (vi)	[je'gar 'tarðe]
perder (o autocarro, etc.)	perder (vt)	[per'ðer]
estar com pressa	tener prisa	[te'ner 'prisa]

táxi (m)	taxi (m)	['taksi]
taxista (m)	taxista (m)	[ta'ksista]
de táxi (ir ~)	en taxi	[en 'taksi]
praça (f) de táxis	parada (f) de taxi	[pa'raða de 'taksi]
chamar um táxi	llamar un taxi	[ja'mar un 'taksi]
apanhar um táxi	tomar un taxi	[to'mar un 'taksi]

tráfego (m)	tráfico (m)	['trafiko]
engarrafamento (m)	atasco (m)	[a'tasko]
horas (f pl) de ponta	horas (f pl) de punta	['oras de 'punta]
estacionar (vi)	aparcar (vi)	[apar'kar]
estacionar (vt)	aparcar (vt)	[apar'kar]
parque (m) de estacionamento	aparcamiento (m)	[aparka'mjento]

metro (m)	metro (m)	['metro]
estação (f)	estación (f)	[esta'θjon]
ir de metro	ir en el metro	[ir en elʲ 'metro]
comboio (m)	tren (m)	['tren]
estação (f)	estación (f)	[esta'θjon]

78. Turismo

monumento (m)	monumento (m)	[monu'mento]
fortaleza (f)	fortaleza (f)	[forta'leθa]
palácio (m)	palacio (m)	[pa'lʲaθio]
castelo (m)	castillo (m)	[kas'tijo]
torre (f)	torre (f)	['tore]
mausoléu (m)	mausoleo (m)	[mauso'leo]

arquitetura (f)	arquitectura (f)	[arkitek'tura]
medieval	medieval (adj)	[meðje'βalʲ]
antigo	antiguo (adj)	[an'tiguo]
nacional	nacional (adj)	[naθjo'nalʲ]
conhecido	conocido (adj)	[kono'θiðo]

turista (m)	turista (m)	[tu'rista]
guia (pessoa)	guía (m)	['gia]
excursão (f)	excursión (f)	[eskur'θjon]

mostrar (vt)	mostrar (vt)	[mos'trar]
contar (vt)	contar (vt)	[kon'tar]

encontrar (vt)	encontrar (vt)	[eŋkon'trar]
perder-se (vr)	perderse (vr)	[per'ðerse]
mapa (~ do metrô)	plano (m), mapa (m)	['plʲano], ['mapa]
mapa (~ da cidade)	mapa (m)	['mapa]

lembrança (f), presente (m)	recuerdo (m)	[reku'erðo]
loja (f) de presentes	tienda (f) de regalos	['tjenda de re'galʲos]
fotografar (vt)	hacer fotos	[a'θer 'fotos]
fotografar-se	fotografiarse (vr)	[fotoɣra'fjarse]

79. Compras

comprar (vt)	comprar (vt)	[kom'prar]
compra (f)	compra (f)	['kompra]
fazer compras	hacer compras	[a'θer 'kompras]
compras (f pl)	compras (f pl)	['kompras]

estar aberta (loja, etc.)	estar abierto	[es'tar a'βjerto]
estar fechada	estar cerrado	[es'tar θe'raðo]

calçado (m)	calzado (m)	[kalʲ'θaðo]
roupa (f)	ropa (f)	['ropa]
cosméticos (m pl)	cosméticos (m pl)	[kos'metikos]
alimentos (m pl)	productos alimenticios	[pro'ðuktos alimen'tiθjos]
presente (m)	regalo (m)	[re'galʲo]

vendedor (m)	vendedor (m)	[bende'ðor]
vendedora (f)	vendedora (f)	[bende'ðora]

caixa (f)	caja (f)	['kaχa]
espelho (m)	espejo (m)	[es'peχo]
balcão (m)	mostrador (m)	[mostra'ðor]
cabine (f) de provas	probador (m)	[proβa'ðor]

provar (vt)	probar (vt)	[pro'βar]
servir (vi)	quedar (vi)	[ke'ðar]
gostar (apreciar)	gustar (vi)	[gus'tar]

preço (m)	precio (m)	['preθio]
etiqueta (f) de preço	etiqueta (f) de precio	[eti'keta de 'preθio]
custar (vt)	costar (vt)	[kos'tar]
Quanto?	¿Cuánto?	[ku'anto]
desconto (m)	descuento (m)	[desku'ento]

não caro	no costoso (adj)	[no kos'toso]
barato	barato (adj)	[ba'rato]
caro	caro (adj)	['karo]
É caro	Es caro	[es 'karo]

aluguer (m)	alquiler (m)	[alʲki'ler]
alugar (vestidos, etc.)	alquilar (vt)	[alʲki'lʲar]

| crédito (m) | crédito (m) | ['kreðito] |
| a crédito | a crédito (adv) | [a 'kreðito] |

80. Dinheiro

dinheiro (m)	dinero (m)	[di'nero]
câmbio (m)	cambio (m)	['kambio]
taxa (f) de câmbio	curso (m)	['kurso]
Caixa Multibanco (m)	cajero (m) automático	[ka'χero auto'matiko]
moeda (f)	moneda (f)	[mo'neða]

| dólar (m) | dólar (m) | ['dolʲar] |
| euro (m) | euro (m) | ['euro] |

lira (f)	lira (f)	['lira]
marco (m)	marco (m) alemán	['marko ale'man]
franco (m)	franco (m)	['fraŋko]
libra (f) esterlina	libra esterlina (f)	['liβra ester'lina]
iene (m)	yen (m)	[jen]

dívida (f)	deuda (f)	['deuða]
devedor (m)	deudor (m)	[deu'ðor]
emprestar (vt)	prestar (vt)	[pres'tar]
pedir emprestado	tomar prestado	[to'mar pres'taðo]

banco (m)	banco (m)	['baŋko]
conta (f)	cuenta (f)	[ku'enta]
depositar (vt)	ingresar (vt)	[ingre'sar]
depositar na conta	ingresar en la cuenta	[ingre'sar en lʲa ku'enta]
levantar (vt)	sacar de la cuenta	[sa'kar de lʲa ku'enta]

cartão (m) de crédito	tarjeta (f) de crédito	[tar'χeta de 'kreðito]
dinheiro (m) vivo	dinero (m) en efectivo	[di'nero en efek'tiβo]
cheque (m)	cheque (m)	['ʧeke]
passar um cheque	sacar un cheque	[sa'kar un 'ʧeke]
livro (m) de cheques	talonario (m)	[talʲo'nario]

carteira (f)	cartera (f)	[kar'tera]
porta-moedas (m)	monedero (m)	[mone'ðero]
cofre (m)	caja (f) fuerte	['kaχa fu'erte]

herdeiro (m)	heredero (m)	[ere'ðero]
herança (f)	herencia (f)	[e'renθia]
fortuna (riqueza)	fortuna (f)	[for'tuna]

arrendamento (m)	arriendo (m)	[a'rjendo]
renda (f) de casa	alquiler (m)	[alʲki'ler]
alugar (vt)	alquilar (vt)	[alʲki'lʲar]

preço (m)	precio (m)	['preθio]
custo (m)	coste (m)	['koste]
soma (f)	suma (f)	['suma]
gastar (vt)	gastar (vt)	[gas'tar]
gastos (m pl)	gastos (m pl)	['gastos]

| economizar (vi) | economizar (vi, vt) | [ekonomi'θar] |
| económico | económico (adj) | [eko'nomiko] |

pagar (vt)	pagar (vi, vt)	[pa'gar]
pagamento (m)	pago (m)	['pago]
troco (m)	cambio (m)	['kambio]

imposto (m)	impuesto (m)	[impu'esto]
multa (f)	multa (f)	['mulʲta]
multar (vt)	multar (vt)	[mulʲ'tar]

81. Correios. Serviço postal

correios (m pl)	oficina (f) de correos	[ofi'θina de ko'reos]
correio (m)	correo (m)	[ko'reo]
carteiro (m)	cartero (m)	[kar'tero]
horário (m)	horario (m) de apertura	[o'rarjo de aper'tura]

carta (f)	carta (f)	['karta]
carta (f) registada	carta (f) certificada	['karta θertifi'kaða]
postal (m)	tarjeta (f) postal	[tar'χeta pos'talʲ]
telegrama (m)	telegrama (m)	[tele'γrama]
encomenda (f) postal	paquete (m) postal	[pa'kete pos'talʲ]
remessa (f) de dinheiro	giro (m) postal	['χiro pos'talʲ]

receber (vt)	recibir (vt)	[reθi'βir]
enviar (vt)	enviar (vt)	[em'bjar]
envio (m)	envío (m)	[em'bio]

endereço (m)	dirección (f)	[direk'θjon]
código (m) postal	código (m) postal	['koðigo pos'talʲ]
remetente (m)	expedidor (m)	[ekspeði'ðor]
destinatário (m)	destinatario (m)	[destina'tario]

| nome (m) | nombre (m) | ['nombre] |
| apelido (m) | apellido (m) | [ape'jiðo] |

tarifa (f)	tarifa (f)	[ta'rifa]
ordinário	ordinario (adj)	[orði'nario]
económico	económico (adj)	[eko'nomiko]

peso (m)	peso (m)	['peso]
pesar (estabelecer o peso)	pesar (vt)	[pe'sar]
envelope (m)	sobre (m)	['soβre]
selo (m)	sello (m)	['sejo]
colar o selo	poner un sello	[po'ner un 'sejo]

Moradia. Casa. Lar

82. Casa. Habitação

casa (f)	casa (f)	['kasa]
em casa	en casa (adv)	[en 'kasa]
pátio (m)	patio (m)	['patio]
cerca (f)	verja (f)	['berχa]
tijolo (m)	ladrillo (m)	[lʲa'ðrijo]
de tijolos	de ladrillo (adj)	[de lʲa'ðrijo]
pedra (f)	piedra (f)	['pjeðra]
de pedra	de piedra (adj)	[de 'pjeðra]
betão (m)	hormigón (m)	[ormi'ɣon]
de betão	de hormigón (adj)	[de ormi'ɣon]
novo	nuevo (adj)	[nu'eβo]
velho	viejo (adj)	['bjeχo]
decrépito	deteriorado (adj)	[deterjo'raðo]
moderno	moderno (adj)	[mo'ðerno]
de muitos andares	de muchos pisos	[de 'mutʃos 'pisos]
alto	alto (adj)	['alʲto]
andar (m)	piso (m), planta (f)	['piso], ['plʲanta]
de um andar	de una sola planta	[de una 'solʲa 'plʲanta]
andar (m) de baixo	piso (m) bajo	['piso 'baχo]
andar (m) de cima	piso (m) alto	['piso 'alʲto]
telhado (m)	techo (m)	['tetʃo]
chaminé (f)	chimenea (f)	[tʃime'nea]
telha (f)	tejas (f pl)	['teχas]
de telha	de tejas (adj)	[de 'teχas]
sótão (m)	desván (m)	[des'βan]
janela (f)	ventana (f)	[ben'tana]
vidro (m)	vidrio (m)	['biðrio]
parapeito (m)	alféizar (m)	[al'fejθar]
portadas (f pl)	contraventanas (f pl)	[kontraβen'tanas]
parede (f)	pared (f)	[pa'reð]
varanda (f)	balcón (m)	[balʲ'kon]
tubo (m) de queda	gotera (f)	[go'tera]
em cima	arriba	[a'riβa]
subir (~ as escadas)	subir (vi)	[su'βir]
descer (vi)	descender (vi)	[deθen'der]
mudar-se (vr)	mudarse (vr)	[mu'ðarse]

83. Casa. Entrada. Elevador

entrada (f)	entrada (f)	[en'traða]
escada (f)	escalera (f)	[eska'lera]
degraus (m pl)	escalones (m pl)	[eska'lʲones]
corrimão (m)	baranda (f)	[ba'randa]
hall (m) de entrada	vestíbulo (m)	[bes'tiβulʲo]
caixa (f) de correio	buzón (m)	[bu'θon]
caixote (m) do lixo	contenedor (m) de basura	[kontene'ðor de ba'sura]
conduta (f) do lixo	bajante (f) de basura	[ba'χante de ba'sura]
elevador (m)	ascensor (m)	[aθen'sor]
elevador (m) de carga	ascensor (m) de carga	[aθen'sor de 'karga]
cabine (f)	cabina (f)	[ka'βina]
pegar o elevador	ir en el ascensor	[ir en elʲ aθen'sor]
apartamento (m)	apartamento (m)	[aparta'mento]
moradores (m pl)	inquilinos (pl)	[iŋki'linos]
vizinho (m)	vecino (m)	[be'θino]
vizinha (f)	vecina (f)	[be'θina]
vizinhos (pl)	vecinos (pl)	[be'θinos]

84. Casa. Portas. Fechaduras

porta (f)	puerta (f)	[pu'erta]
portão (m)	portón (m)	[por'ton]
maçaneta (f)	tirador (m)	[tira'ðor]
destrancar (vt)	abrir el cerrojo	[a'βrir elʲ θe'roχo]
abrir (vt)	abrir (vt)	[a'βrir]
fechar (vt)	cerrar (vt)	[θe'rar]
chave (f)	llave (f)	['jaβe]
molho (m)	manojo (m) de llaves	[ma'noχo de 'jaβes]
ranger (vi)	crujir (vi)	[kru'χir]
rangido (m)	crujido (m)	[kru'χiðo]
dobradiça (f)	gozne (m)	['goθne]
tapete (m) de entrada	felpudo (m)	[felʲ'puðo]
fechadura (f)	cerradura (f)	[θera'ðura]
buraco (m) da fechadura	ojo (m) de cerradura	['oχo de θera'ðura]
ferrolho (m)	cerrojo (m)	[θe'roχo]
fecho (ferrolho pequeno)	pestillo (m)	[pes'tijo]
cadeado (m)	candado (m)	[kan'daðo]
tocar (vt)	tocar el timbre	[to'kar elʲ 'timbre]
toque (m)	campanillazo (m)	[kampani'jaθo]
campainha (f)	timbre (m)	['timbre]
botão (m)	botón (m)	[bo'ton]
batida (f)	toque (m) a la puerta	['toke a lʲa pu'erta]
bater (vi)	tocar la puerta	[to'kar lʲa pu'erta]
código (m)	código (m)	['koðigo]

fechadura (f) de código	cerradura (f) de contraseña	[θera'ðura de kontra'senja]
telefone (m) de porta	telefonillo (m)	[telefo'nijo]

número (m)	número (m)	['numero]
placa (f) de porta	placa (f) de puerta	['plʲaka de pu'erta]
vigia (f), olho (m) mágico	mirilla (f)	[mi'rija]

85. Casa de campo

aldeia (f)	aldea (f)	[alʲ'ðea]
horta (f)	huerta (f)	[u'erta]
cerca (f)	empalizada (f)	[empali'θaða]
paliçada (f)	valla (f)	['baja]
cancela (f) do jardim	puertecilla (f)	[puerte'θija]

celeiro (m)	granero (m)	[gra'nero]
adega (f)	sótano (m)	['sotano]
galpão, barracão (m)	cobertizo (m)	[koβer'tiθo]
poço (m)	pozo (m)	['poθo]

fogão (m)	estufa (f)	[es'tufa]
atiçar o fogo	calentar la estufa	[kalen'tar lʲa es'tufa]
lenha (carvão ou ~)	leña (f)	['lenja]
acha (lenha)	leño (m)	['lenjo]

varanda (f)	veranda (f)	[be'randa]
alpendre (m)	terraza (f)	[te'raθa]
degraus (m pl) de entrada	porche (m)	['portʃe]
balouço (m)	columpio (m)	[ko'lʲumpio]

86. Castelo. Palácio

castelo (m)	castillo (m)	[kas'tijo]
palácio (m)	palacio (m)	[pa'lʲaθio]
fortaleza (f)	fortaleza (f)	[forta'leθa]

muralha (f)	muralla (f)	[mu'raja]
torre (f)	torre (f)	['tore]
calabouço (m)	torre (f) principal	['tore prinθi'palʲ]

grade (f) levadiça	rastrillo (m)	[ras'trijo]
passagem (f) subterrânea	pasaje (m) subterráneo	[pa'saxe suβte'raneo]
fosso (m)	foso (m)	['foso]

corrente, cadeia (f)	cadena (f)	[ka'ðena]
seteira (f)	aspillera (f)	[aspi'jera]

magnífico	magnífico (adj)	[maɣ'nifiko]
majestoso	majestuoso (adj)	[maxestu'oso]

inexpugnável	inexpugnable (adj)	[inekspuɣ'naβle]
medieval	medieval (adj)	[meðje'βalʲ]

87. Apartamento

apartamento (m)	apartamento (m)	[aparta'mento]
quarto (m)	habitación (f)	[aβita'θjon]
quarto (m) de dormir	dormitorio (m)	[dormi'torio]
sala (f) de jantar	comedor (m)	[kome'ðor]
sala (f) de estar	salón (m)	[sa'lʲon]
escritório (m)	despacho (m)	[des'patʃo]
antessala (f)	antecámara (f)	[ante'kamara]
quarto (m) de banho	cuarto (m) de baño	[ku'arto de 'banjo]
toilette (lavabo)	servicio (m)	[ser'βiθio]
teto (m)	techo (m)	['tetʃo]
chão, soalho (m)	suelo (m)	[su'elʲo]
canto (m)	rincón (m)	[rin'kon]

88. Apartamento. Limpeza

arrumar, limpar (vt)	hacer la limpieza	[a'θer lʲa lim'pjeθa]
guardar (no armário, etc.)	quitar (vt)	[ki'tar]
pó (m)	polvo (m)	['polʲβo]
empoeirado	polvoriento (adj)	[polʲβo'rjento]
limpar o pó	limpiar el polvo	[lim'pjar elʲ 'polʲβo]
aspirador (m)	aspirador (m), aspiradora (f)	[aspira'ðor], [aspira'ðora]
aspirar (vt)	limpiar con la aspiradora	[lim'pjar kon lʲa aspira'ðora]
varrer (vt)	barrer (vi, vt)	[ba'rer]
sujeira (f)	barreduras (f pl)	[bare'ðuras]
arrumação (f), ordem (f)	orden (m)	['orðen]
desordem (f)	desorden (m)	[de'sorðen]
esfregão (m)	fregona (f)	[fre'gona]
pano (m), trapo (m)	trapo (m)	['trapo]
vassoura (f)	escoba (f)	[es'koβa]
pá (f) de lixo	cogedor (m)	[koχe'ðor]

89. Mobiliário. Interior

mobiliário (m)	muebles (m pl)	[mu'eβles]
mesa (f)	mesa (f)	['mesa]
cadeira (f)	silla (f)	['sija]
cama (f)	cama (f)	['kama]
divã (m)	sofá (m)	[so'fa]
cadeirão (m)	sillón (m)	[si'jon]
estante (f)	librería (f)	[liβre'ria]
prateleira (f)	estante (m)	[es'tante]
guarda-vestidos (m)	armario (m)	[ar'mario]
cabide (m) de parede	percha (f)	['pertʃa]

cabide (m) de pé	perchero (m) de pie	[per'tʃero de pje]
cómoda (f)	cómoda (f)	['komoða]
mesinha (f) de centro	mesa (f) de café	['mesa de ka'fe]
espelho (m)	espejo (m)	[es'peχo]
tapete (m)	tapiz (m)	[ta'piθ]
tapete (m) pequeno	alfombra (f)	[alʲ'fombra]
lareira (f)	chimenea (f)	[tʃime'nea]
vela (f)	vela (f)	['belʲa]
castiçal (m)	candelero (m)	[kande'lero]
cortinas (f pl)	cortinas (f pl)	[kor'tinas]
papel (m) de parede	empapelado (m)	[empape'lʲaðo]
estores (f pl)	estor (m) de láminas	[es'tor de 'lʲaminas]
candeeiro (m) de mesa	lámpara (f) de mesa	['lʲampara de 'mesa]
candeeiro (m) de parede	aplique (m)	[ap'like]
candeeiro (m) de pé	lámpara (f) de pie	['lʲampara de pje]
lustre (m)	lámpara (f) de araña	['lʲampara de a'ranja]
pé (de mesa, etc.)	pata (f)	['pata]
braço (m)	brazo (m)	['braθo]
costas (f pl)	espaldar (m)	[espalʲ'ðar]
gaveta (f)	cajón (m)	[ka'χon]

90. Quarto de dormir

roupa (f) de cama	ropa (f) de cama	['ropa de 'kama]
almofada (f)	almohada (f)	[alʲmo'aða]
fronha (f)	funda (f)	['funda]
cobertor (m)	manta (f)	['manta]
lençol (m)	sábana (f)	['saβana]
colcha (f)	sobrecama (f)	[soβre'kama]

91. Cozinha

cozinha (f)	cocina (f)	[ko'θina]
gás (m)	gas (m)	[gas]
fogão (m) a gás	cocina (f) de gas	[ko'θina de 'gas]
fogão (m) elétrico	cocina (f) eléctrica	[ko'θina e'lektrika]
forno (m)	horno (m)	['orno]
forno (m) de micro-ondas	horno (m) microondas	['orno mikro·'ondas]
frigorífico (m)	frigorífico (m)	[frigo'rifiko]
congelador (m)	congelador (m)	[konχelʲa'ðor]
máquina (f) de lavar louça	lavavajillas (m)	['lʲaβa·βa'χijas]
moedor (m) de carne	picadora (f) de carne	[pika'ðora de 'karne]
espremedor (m)	exprimidor (m)	[eksprimi'ðor]
torradeira (f)	tostador (m)	[tosta'ðor]
batedeira (f)	batidora (f)	[bati'ðora]
máquina (f) de café	cafetera (f)	[kafe'tera]

cafeteira (f)	cafetera (f)	[kafe'tera]
moinho (m) de café	molinillo (m) de café	[moli'nijo de ka'fe]
chaleira (f)	hervidor (m) de agua	[erβi'ðor de 'agua]
bule (m)	tetera (f)	[te'tera]
tampa (f)	tapa (f)	['tapa]
coador (m) de chá	colador (m) de té	[koliaˈðor de te]
colher (f)	cuchara (f)	[ku'ʧara]
colher (f) de chá	cucharilla (f)	[kutʃa'rija]
colher (f) de sopa	cuchara (f) de sopa	[ku'ʧara de 'sopa]
garfo (m)	tenedor (m)	[tene'ðor]
faca (f)	cuchillo (m)	[ku'ʧijo]
louça (f)	vajilla (f)	[ba'χija]
prato (m)	plato (m)	['pliato]
pires (m)	platillo (m)	[plia'tijo]
cálice (m)	vaso (m) de chupito	['baso de ʧu'pito]
copo (m)	vaso (m)	['baso]
chávena (f)	taza (f)	['taθa]
açucareiro (m)	azucarera (f)	[aθuka'rera]
saleiro (m)	salero (m)	[sa'lero]
pimenteiro (m)	pimentero (m)	[pimen'tero]
manteigueira (f)	mantequera (f)	[mante'kera]
panela, caçarola (f)	cacerola (f)	[kaθe'rolia]
frigideira (f)	sartén (f)	[sar'ten]
concha (f)	cucharón (m)	[kutʃa'ron]
passador (m)	colador (m)	[kolia'ðor]
bandeja (f)	bandeja (f)	[ban'deχa]
garrafa (f)	botella (f)	[bo'teja]
boião (m) de vidro	tarro (m) de vidrio	['taro de 'biðrio]
lata (f)	lata (f)	['liata]
abre-garrafas (m)	abrebotellas (m)	[aβre·βo'tejas]
abre-latas (m)	abrelatas (m)	[aβre·'liatas]
saca-rolhas (m)	sacacorchos (m)	[saka'korʧos]
filtro (m)	filtro (m)	['filitro]
filtrar (vt)	filtrar (vt)	[fili'trar]
lixo (m)	basura (f)	[ba'sura]
balde (m) do lixo	cubo (m) de basura	['kuβo de ba'sura]

92. Casa de banho

quarto (m) de banho	cuarto (m) de baño	[ku'arto de 'banjo]
água (f)	agua (f)	['agua]
torneira (f)	grifo (m)	['grifo]
água (f) quente	agua (f) caliente	['agua ka'ljente]
água (f) fria	agua (f) fría	['agua 'fria]
pasta (f) de dentes	pasta (f) de dientes	['pasta de 'djentes]

| escovar os dentes | limpiarse los dientes | [lim'pjarse los 'djentes] |
| escova (f) de dentes | cepillo (m) de dientes | [θe'pijo de 'djentes] |

barbear-se (vr)	afeitarse (vr)	[afej'tarse]
espuma (f) de barbear	espuma (f) de afeitar	[es'puma de afej'tar]
máquina (f) de barbear	maquinilla (f) de afeitar	[maki'nija de afej'tar]

lavar (vt)	lavar (vt)	[ʎa'βar]
lavar-se (vr)	darse un baño	['darse un 'banjo]
duche (m)	ducha (f)	['dutʃa]
tomar um duche	darse una ducha	['darse 'una 'dutʃa]

banheira (f)	bañera (f)	[ba'njera]
sanita (f)	inodoro (m)	[ino'ðoro]
lavatório (m)	lavabo (m)	[ʎa'βaβo]

| sabonete (m) | jabón (m) | [χa'βon] |
| saboneteira (f) | jabonera (f) | [χaβo'nera] |

esponja (f)	esponja (f)	[es'ponχa]
champô (m)	champú (m)	[tʃam'pu]
toalha (f)	toalla (f)	[to'aja]
roupão (m) de banho	bata (f) de baño	['bata de 'banjo]

lavagem (f)	colada (f), lavado (m)	[ko'ʎaða], [ʎa'βaðo]
máquina (f) de lavar	lavadora (f)	[ʎaβa'ðora]
lavar a roupa	lavar la ropa	[ʎa'βar ʎa 'ropa]
detergente (m)	detergente (m) en polvo	[deter'χente en 'poʎβo]

93. Eletrodomésticos

televisor (m)	televisor (m)	[teleβi'sor]
gravador (m)	magnetófono (m)	[maɣne'tofono]
videogravador (m)	vídeo (m)	['biðeo]
rádio (m)	radio (m)	['raðio]
leitor (m)	reproductor (m)	[reproðuk'tor]

projetor (m)	proyector (m) de vídeo	[projek'tor de 'biðeo]
cinema (m) em casa	sistema (m) home cinema	[sis'tema 'χoum 'θinema]
leitor (m) de DVD	reproductor (m) de DVD	reproðuk'tor de deβe'de]
amplificador (m)	amplificador (m)	[amplifika'ðor]
console (f) de jogos	videoconsola (f)	[biðeo·kon'soʎa]

câmara (f) de vídeo	cámara (f) de vídeo	['kamara de 'biðeo]
máquina (f) fotográfica	cámara (f) fotográfica	['kamara foto'ɣrafika]
câmara (f) digital	cámara (f) digital	['kamara diχi'taʎ]

aspirador (m)	aspirador (m), aspiradora (f)	[aspira'ðor], [aspira'ðora]
ferro (m) de engomar	plancha (f)	['pʎantʃa]
tábua (f) de engomar	tabla (f) de planchar	['taβʎa de pʎan'tʃar]

telefone (m)	teléfono (m)	[te'lefono]
telemóvel (m)	teléfono (m) móvil	[te'lefono 'moβiʎ]
máquina (f) de escrever	máquina (f) de escribir	['makina de eskri'βir]

máquina (f) de costura	máquina (f) de coser	['makina de ko'ser]
microfone (m)	micrófono (m)	[mi'krofono]
auscultadores (m pl)	auriculares (m pl)	[auriku'lʲares]
controlo remoto (m)	mando (m) a distancia	['mando a dis'tanθia]
CD (m)	disco compacto (m)	['disko kom'pakto]
cassete (f)	casete (m)	[ka'sete]
disco (m) de vinil	disco (m) de vinilo	['disko de bi'nilʲo]

94. Reparações. Renovação

renovação (f)	renovación (f)	[renoβa'θjon]
renovar (vt), fazer obras	renovar (vt)	[reno'βar]
reparar (vt)	reparar (vt)	[repa'rar]
consertar (vt)	poner en orden	[po'ner en 'orðen]
refazer (vt)	rehacer (vt)	[rea'θer]
tinta (f)	pintura (f)	[pin'tura]
pintar (vt)	pintar (vt)	[pin'tar]
pintor (m)	pintor (m)	[pin'tor]
pincel (m)	brocha (f)	['broʧa]
cal (f)	cal (f)	[kalʲ]
caiar (vt)	encalar (vt)	[eŋka'lʲar]
papel (m) de parede	empapelado (m)	[empape'lʲaðo]
colocar papel de parede	empapelar (vt)	[empape'lʲar]
verniz (m)	barniz (m)	[bar'niθ]
envernizar (vt)	cubrir con barniz	[ku'βrir kon bar'niθ]

95. Canalizações

água (f)	agua (f)	['agua]
água (f) quente	agua (f) caliente	['agua ka'ljente]
água (f) fria	agua (f) fría	['agua 'fria]
torneira (f)	grifo (m)	['grifo]
gota (f)	gota (f)	['gota]
gotejar (vi)	gotear (vi)	[gote'ar]
vazar (vt)	gotear (vi)	[gote'ar]
vazamento (m)	escape (m) de agua	[es'kape de 'agua]
poça (f)	charco (m)	['ʧarko]
tubo (m)	tubo (m)	['tuβo]
válvula (f)	válvula (f)	['balʲβulʲa]
entupir-se (vr)	estar atascado	[es'tar atas'kaðo]
ferramentas (f pl)	instrumentos (m pl)	[instru'mentos]
chave (f) inglesa	llave (f) inglesa	['jaβe in'glesa]
desenroscar (vt)	destornillar (vt)	[destorni'jar]
enroscar (vt)	atornillar (vt)	[atorni'jar]
desentupir (vt)	desatascar (vt)	[desatas'kar]

canalizador (m)	fontanero (m)	[fonta'nero]
cave (f)	sótano (m)	['sotano]
sistema (m) de esgotos	alcantarillado (m)	[alʲkantari'jaðo]

96. Fogo. Deflagração

incêndio (m)	incendio (m)	[in'θendjo]
chama (f)	llama (f)	['jama]
faísca (f)	chispa (f)	['ʧispa]
fumo (m)	humo (m)	['umo]
tocha (f)	antorcha (f)	[an'torʧa]
fogueira (f)	hoguera (f)	[o'gera]

gasolina (f)	gasolina (f)	[gaso'lina]
querosene (m)	queroseno (m)	[kero'sene]
inflamável	inflamable (adj)	[iɱflʲa'maβle]
explosivo	explosivo (adj)	[eksplʲo'siβo]
PROIBIDO FUMAR!	PROHIBIDO FUMAR	[proi'βiðo fu'mar]

segurança (f)	seguridad (f)	[seguri'ðað]
perigo (m)	peligro (m)	[pe'liɣro]
perigoso	peligroso (adj)	[peli'ɣroso]

incendiar-se (vr)	prenderse fuego	[pren'derse fu'ego]
explosão (f)	explosión (f)	[eksplʲo'sjon]
incendiar (vt)	incendiar (vt)	[inθen'djar]
incendiário (m)	incendiario (m)	[inθen'djario]
incêndio (m) criminoso	incendio (m) provocado	[in'θendjo proβo'kaðo]

arder (vi)	estar en llamas	[es'tar en 'jamas]
queimar (vi)	arder (vi)	[ar'ðer]
queimar tudo (vi)	incendiarse	[inθen'djarse]

chamar os bombeiros	llamar a los bomberos	[ja'mar a los bom'beros]
bombeiro (m)	bombero (m)	[bom'bero]
carro (m) de bombeiros	coche (m) de bomberos	['koʧe de bom'beros]
corpo (m) de bombeiros	cuerpo (m) de bomberos	[ku'erpo de bom'beros]
escada (f) extensível	escalera (f) telescópica	[eska'lera teles'kopika]

mangueira (f)	manguera (f)	[man'gera]
extintor (m)	extintor (m)	[ekstin'tor]
capacete (m)	casco (m)	['kasko]
sirene (f)	sirena (f)	[si'rena]

gritar (vi)	gritar (vi)	[gri'tar]
chamar por socorro	pedir socorro	[pe'ðir so'koro]
salvador (m)	socorrista (m)	[soko'rista]
salvar, resgatar (vt)	salvar (vt)	[salʲ'βar]

chegar (vi)	llegar (vi)	[je'gar]
apagar (vt)	apagar (vt)	[apa'gar]
água (f)	agua (f)	['agua]
areia (f)	arena (f)	[a'rena]
ruínas (f pl)	ruinas (f pl)	[ru'inas]

ruir (vi)	colapsarse (vr)	[koˈap'sarse]
desmoronar (vi)	hundirse (vr)	[un'dirse]
desabar (vi)	derrumbarse (vr)	[derum'barse]
fragmento (m)	trozo (m)	['troθo]
cinza (f)	ceniza (f)	[θe'niθa]
sufocar (vi)	morir asfixiado	[mo'rir asfi'ksjaðo]
perecer (vi)	perecer (vi)	[pere'θer]

ATIVIDADES HUMANAS

Emprego. Negócios. Parte 1

97. Banca

banco (m)	banco (m)	['baŋko]
sucursal, balcão (f)	sucursal (f)	[sukur'salʲ]
consultor (m)	consultor (m)	[konsulʲ'tor]
gerente (m)	gerente (m)	[xe'rente]
conta (f)	cuenta (f)	[ku'enta]
número (m) da conta	numero (m) de la cuenta	['numero de lʲa ku'enta]
conta (f) corrente	cuenta (f) corriente	[ku'enta ko'rjente]
conta (f) poupança	cuenta (f) de ahorros	[ku'enta de a'oros]
abrir uma conta	abrir una cuenta	[a'βrir una ku'enta]
fechar uma conta	cerrar la cuenta	[θe'rar lʲa ku'enta]
depositar na conta	ingresar en la cuenta	[ingre'sar en lʲa ku'enta]
levantar (vt)	sacar de la cuenta	[sa'kar de lʲa ku'enta]
depósito (m)	depósito (m)	[de'posito]
fazer um depósito	hacer un depósito	[a'θer un de'posito]
transferência (f) bancária	giro (m)	['xiro]
transferir (vt)	hacer un giro	[a'θer un 'xiro]
soma (f)	suma (f)	['suma]
Quanto?	¿Cuánto?	[ku'anto]
assinatura (f)	firma (f)	['firma]
assinar (vt)	firmar (vt)	[fir'mar]
cartão (m) de crédito	tarjeta (f) de crédito	[tar'xeta de 'kreðito]
código (m)	código (m)	['koðigo]
número (m)	número (m)	['numero
do cartão de crédito	de tarjeta de crédito	de tar'xeta de 'kreðito]
Caixa Multibanco (m)	cajero (m) automático	[ka'xero auto'matiko]
cheque (m)	cheque (m)	['tʃeke]
passar um cheque	sacar un cheque	[sa'kar un 'tʃeke]
livro (m) de cheques	talonario (m)	[talʲo'nario]
empréstimo (m)	crédito (m)	['kreðito]
pedir um empréstimo	pedir el crédito	[pe'ðir elʲ 'kreðito]
obter um empréstimo	obtener un crédito	[oβte'ner un 'kreðito]
conceder um empréstimo	conceder un crédito	[konθe'ðer un 'kreðito]
garantia (f)	garantía (f)	[garan'tia]

98. Telefone. Conversação telefónica

telefone (m)	teléfono (m)	[te'lefono]
telemóvel (m)	teléfono (m) móvil	[te'lefono 'moβilʲ]
secretária (f) electrónica	contestador (m)	[kontesta'ðor]
fazer uma chamada	llamar, telefonear	[ja'mar], [telefone'ar]
chamada (f)	llamada (f)	[ja'maða]
marcar um número	marcar un número	[mar'kar un 'numero]
Alô!	¿Sí?, ¿Dígame?	[si], ['digame]
perguntar (vt)	preguntar (vt)	[pregun'tar]
responder (vt)	responder (vi, vt)	[respon'der]
ouvir (vt)	oír (vt)	[o'ir]
bem	bien (adv)	[bjen]
mal	mal (adv)	[malʲ]
ruído (m)	ruidos (m pl)	[ru'iðos]
auscultador (m)	auricular (m)	[auriku'lʲar]
pegar o telefone	descolgar (vt)	[deskolʲ'gar]
desligar (vi)	colgar el auricular	[kolʲ'gar elʲ auriku'lʲar]
ocupado	ocupado (adj)	[oku'paðo]
tocar (vi)	sonar (vi)	[so'nar]
lista (f) telefónica	guía (f) de teléfonos	['gia de te'lefonos]
local	local (adj)	[lʲo'kalʲ]
chamada (f) local	llamada (f) local	[ja'maða lʲo'kalʲ]
de longa distância	de larga distancia	[de 'lʲarga dis'tanθia]
chamada (f) de longa distância	llamada (f) de larga distancia	[ja'maða de 'lʲarga dis'tanθia]
internacional	internacional (adj)	[internaθjo'nalʲ]
chamada (f) internacional	llamada (f) internacional	[ja'maða internaθjo'nalʲ]

99. Telefone móvel

telemóvel (m)	teléfono (m) móvil	[te'lefono 'moβilʲ]
ecrã (m)	pantalla (f)	[pan'taja]
botão (m)	botón (m)	[bo'ton]
cartão SIM (m)	tarjeta SIM (f)	[tar'ʝeta sim]
bateria (f)	pila (f)	['pilʲa]
descarregar-se	descargarse (vr)	[deskar'garse]
carregador (m)	cargador (m)	[karga'ðor]
menu (m)	menú (m)	[me'nu]
definições (f pl)	preferencias (f pl)	[prefe'renθias]
melodia (f)	melodía (f)	[melʲo'ðia]
escolher (vt)	seleccionar (vt)	[selekθjo'nar]
calculadora (f)	calculadora (f)	[kalʲkulʲa'ðora]
correio (m) de voz	contestador (m)	[kontesta'ðor]
despertador (m)	despertador (m)	[desperta'ðor]

contatos (m pl)	contactos (m pl)	[kon'taktos]
mensagem (f) de texto	mensaje (m) de texto	[men'saxe de 'teksto]
assinante (m)	abonado (m)	[aβo'naðo]

100. Estacionário

caneta (f)	bolígrafo (m)	[bo'liɣrafo]
caneta (f) tinteiro	pluma (f) estilográfica	['plʲuma estilʲo'ɣrafika]
lápis (m)	lápiz (m)	['lʲapiθ]
marcador (m)	marcador (m)	[marka'ðor]
caneta (f) de feltro	rotulador (m)	[rotulʲa'ðor]
bloco (m) de notas	bloc (m) de notas	['blʲok de 'notas]
agenda (f)	agenda (f)	[a'xenda]
régua (f)	regla (f)	['reɣlʲa]
calculadora (f)	calculadora (f)	[kalʲkulʲa'ðora]
borracha (f)	goma (f) de borrar	['goma de bo'rar]
pionés (m)	chincheta (f)	[ʧin'ʧeta]
clipe (m)	clip (m)	[klip]
cola (f)	cola (f), pegamento (m)	['kolʲa], [pega'mento]
agrafador (m)	grapadora (f)	[grapa'ðora]
furador (m)	perforador (m)	[perfora'ðor]
afia-lápis (m)	sacapuntas (m)	[saka'puntas]

Emprego. Negócios. Parte 2

101. Media

jornal (m)	periódico (m)	[pe'rjoðiko]
revista (f)	revista (f)	[re'βista]
imprensa (f)	prensa (f)	['prensa]
rádio (m)	radio (f)	['raðio]
estação (f) de rádio	estación (f) de radio	[esta'θjon de 'raðio]
televisão (f)	televisión (f)	[teleβi'θjon]
apresentador (m)	presentador (m)	[presenta'ðor]
locutor (m)	presentador (m) de noticias	[presenta'ðor de no'tiθias]
comentador (m)	comentarista (m)	[komenta'rista]
jornalista (m)	periodista (m)	[perjo'ðista]
correspondente (m)	corresponsal (m)	[korespon'salʲ]
repórter (m) fotográfico	corresponsal (m) fotográfico	[korespon'salʲ foto'ɣrafiko]
repórter (m)	reportero (m)	[repor'tero]
redator (m)	redactor (m)	[reðak'tor]
redator-chefe (m)	redactor jefe (m)	[reðak'tor 'xefe]
assinar a ...	suscribirse (vr)	[suskri'βirse]
assinatura (f)	suscripción (f)	[suskrip'θjon]
assinante (m)	suscriptor (m)	[suskrip'tor]
ler (vt)	leer (vi, vt)	[le'er]
leitor (m)	lector (m)	[lek'tor]
tiragem (f)	tirada (f)	[ti'raða]
mensal	mensual (adj)	[mensu'alʲ]
semanal	semanal (adj)	[sema'nalʲ]
número (jornal, revista)	número (m)	['numero]
recente	nuevo (adj)	[nu'eβo]
manchete (f)	titular (m)	[titu'lʲar]
pequeno artigo (m)	noticia (f)	[no'tiθia]
coluna (~ semanal)	columna (f)	[ko'lʲumna]
artigo (m)	artículo (m)	[ar'tikulʲo]
página (f)	página (f)	['paxina]
reportagem (f)	reportaje (m)	[repor'taxe]
evento (m)	evento (m)	[e'βento]
sensação (f)	sensación (f)	[sensa'θjon]
escândalo (m)	escándalo (m)	[es'kandalʲo]
escandaloso	escandaloso (adj)	[eskanda'lʲoso]
grande	gran (adj)	[gran]
programa (m) de TV	emisión (f)	[emi'sjon]
entrevista (f)	entrevista (f)	[entre'βista]

| transmissão (f) em direto | transmisión (f) en vivo | [transmi'θjon en 'biβo] |
| canal (m) | canal (m) | [ka'nalʲ] |

102. Agricultura

agricultura (f)	agricultura (f)	[aɣrikulʲ'tura]
camponês (m)	campesino (m)	[kampe'sino]
camponesa (f)	campesina (f)	[kampe'sina]
agricultor (m)	granjero (m)	[gran'ҳero]

| trator (m) | tractor (m) | [trak'tor] |
| ceifeira-debulhadora (f) | cosechadora (f) | [koseʧa'ðora] |

arado (m)	arado (m)	[a'raðo]
arar (vt)	arar (vi, vt)	[a'rar]
campo (m) lavrado	labrado (m)	[lʲa'βraðo]
rego (m)	surco (m)	['surko]

semear (vt)	sembrar (vi, vt)	[sem'brar]
semeadora (f)	sembradora (f)	[sembra'ðora]
semeadura (f)	siembra (f)	['sjembra]

| gadanha (f) | guadaña (f) | [gua'ðanja] |
| gadanhar (vt) | segar (vi, vt) | [se'gar] |

| pá (f) | pala (f) | ['palʲa] |
| cavar (vt) | layar (vt) | [lʲa'jar] |

enxada (f)	azada (f)	[a'θaða]
carpir (vt)	sachar, escardar	[sa'ʧar], [eskar'ðar]
erva (f) daninha	mala hierba (f)	['malʲa 'jerβa]

regador (m)	regadera (f)	[rega'ðera]
regar (vt)	regar (vt)	[re'gar]
rega (f)	riego (m)	['rjego]

| forquilha (f) | horquilla (f) | [or'kija] |
| ancinho (m) | rastrillo (m) | [ras'trijo] |

fertilizante (m)	fertilizante (m)	[fertili'θante]
fertilizar (vt)	abonar (vt)	[aβo'nar]
estrume (m)	estiércol (m)	[es'tjerkolʲ]

campo (m)	campo (m)	['kampo]
prado (m)	prado (m)	['praðo]
horta (f)	huerta (f)	[u'erta]
pomar (m)	jardín (m)	[ҳar'ðin]

pastar (vt)	pacer (vt)	[pa'θer]
pastor (m)	pastor (m)	[pas'tor]
pastagem (f)	pastadero (m)	[pasta'ðero]

| pecuária (f) | ganadería (f) | [ganaðe'ria] |
| criação (f) de ovelhas | cría (f) de ovejas | ['kria de o'βeҳas] |

plantação (f)	plantación (f)	[plʲanta'θjon]
canteiro (m)	hilera (f)	[i'lera]
invernadouro (m)	invernadero (m)	[imberna'ðero]

| seca (f) | sequía (f) | [se'kia] |
| seco (verão ~) | seco, árido (adj) | ['seko], ['ariðo] |

cereal (m)	grano (m)	['grano]
cereais (m pl)	cereales (m pl)	[θere'ales]
colher (vt)	recolectar (vt)	[rekolek'tar]

moleiro (m)	molinero (m)	[moli'nero]
moinho (m)	molino (m)	[mo'lino]
moer (vt)	moler (vt)	[mo'ler]
farinha (f)	harina (f)	[a'rina]
palha (f)	paja (f)	['paχa]

103. Construção. Processo de construção

canteiro (m) de obras	obra (f)	['oβra]
construir (vt)	construir (vt)	[konstru'ir]
construtor (m)	albañil (m)	[alʲβa'njilʲ]

projeto (m)	proyecto (m)	[pro'jekto]
arquiteto (m)	arquitecto (m)	[arki'tekto]
operário (m)	obrero (m)	[o'βrero]

fundação (f)	cimientos (m pl)	[θi'mjentos]
telhado (m)	techo (m)	['tetʃo]
estaca (f)	pila (f) de cimentación	['pilʲa de θimenta'θjon]
parede (f)	muro (m)	['muro]

| varões (m pl) para betão | armadura (f) | [arma'ðura] |
| andaime (m) | andamio (m) | [an'damio] |

betão (m)	hormigón (m)	[ormi'ɣon]
granito (m)	granito (m)	[gra'nito]
pedra (f)	piedra (f)	['pjeðra]
tijolo (m)	ladrillo (m)	[lʲa'ðrijo]

areia (f)	arena (f)	[a'rena]
cimento (m)	cemento (m)	[θe'mento]
emboço (m)	estuco (m)	[es'tuko]
emboçar (vt)	estucar (vt)	[estu'kar]
tinta (f)	pintura (f)	[pin'tura]
pintar (vt)	pintar (vt)	[pin'tar]
barril (m)	barril (m)	[ba'rilʲ]

grua (f), guindaste (m)	grúa (f)	['grua]
erguer (vt)	levantar (vt)	[leβan'tar]
baixar (vt)	bajar (vt)	[ba'χar]

| buldózer (m) | bulldózer (m) | [bulʲ'ðoθer] |
| escavadora (f) | excavadora (f) | [ekskaβa'ðora] |

95

caçamba (f)	cuchara (f)	[ku'tʃara]
escavar (vt)	cavar (vt)	[ka'βar]
capacete (m) de proteção	casco (m)	['kasko]

Profissões e ocupações

trabalho (m)	trabajo (m)	[tra'βaχo]
equipa (f)	empleados (pl)	[emple'aðos]
pessoal (m)	personal (m)	[perso'nalʲ]
carreira (f)	carrera (f)	[ka'rera]
perspetivas (f pl)	perspectiva (f)	[perspek'tiβa]
mestria (f)	maestría (f)	[maes'tria]
seleção (f)	selección (f)	[selek'θjon]
agência (f) de emprego	agencia (f) de empleo	[a'χenθja de em'pleo]
CV, currículo (m)	curriculum vitae (m)	[ku'rikulʲum bi'tae]
entrevista (f) de emprego	entrevista (f)	[entre'βista]
vaga (f)	vacancia (f)	[ba'kanθia]
salário (m)	salario (m)	[sa'lʲario]
salário (m) fixo	salario (m) fijo	[sa'lʲario 'fiχo]
pagamento (m)	remuneración (f)	[remunera'θjon]
posto (m)	puesto (m)	[pu'esto]
dever (do empregado)	deber (m)	[de'βer]
gama (f) de deveres	gama (f) de deberes	['gama de de'βeres]
ocupado	ocupado (adj)	[oku'paðo]
despedir, demitir (vt)	despedir (vt)	[despe'ðir]
demissão (f)	despido (m)	[des'piðo]
desemprego (m)	desempleo (m)	[desem'pleo]
desempregado (m)	desempleado (m)	[desemple'aðo]
reforma (f)	jubilación (f)	[χuβilʲa'θjon]
reformar-se	jubilarse (vr)	[χuβi'lʲarse]

diretor (m)	director (m)	[direk'tor]
gerente (m)	gerente (m)	[χe'rente]
patrão, chefe (m)	jefe (m)	['χefe]
superior (m)	superior (m)	[supe'rjor]
superiores (m pl)	superiores (m pl)	[supe'rjores]
presidente (m)	presidente (m)	[presi'ðente]
presidente (m) de direção	presidente (m)	[presi'ðente]
substituto (m)	adjunto (m)	[að'χunto]
assistente (m)	asistente (m)	[asis'tente]

secretário (m)	secretario (m), secretaria (f)	[sekre'tario], [sekre'taria]
secretário (m) pessoal	secretario (m) particular	[sekre'tarjo partiku'lʲar]
homem (m) de negócios	hombre (m) de negocios	['ombre de ne'goθjos]
empresário (m)	emprendedor (m)	[emprende'ðor]
fundador (m)	fundador (m)	[funda'ðor]
fundar (vt)	fundar (vt)	[fun'dar]
fundador, sócio (m)	institutor (m)	[institu'tor]
parceiro, sócio (m)	socio (m)	['soθio]
acionista (m)	accionista (m)	[akθjo'nista]
milionário (m)	millonario (m)	[mijo'nario]
bilionário (m)	multimillonario (m)	[mulʲti·mijo'nario]
proprietário (m)	propietario (m)	[propje'tario]
proprietário (m) de terras	terrateniente (m)	[tera·te'njente]
cliente (m)	cliente (m)	[kli'ente]
cliente (m) habitual	cliente (m) habitual	[kli'ente aβitu'alʲ]
comprador (m)	comprador (m)	[kompra'ðor]
visitante (m)	visitante (m)	[bisi'tante]
profissional (m)	profesional (m)	[profesjo'nalʲ]
perito (m)	experto (m)	[eks'perto]
especialista (m)	especialista (m)	[espeθja'lista]
banqueiro (m)	banquero (m)	[baŋ'kero]
corretor (m)	broker (m)	['broker]
caixa (m, f)	cajero (m)	[ka'χero]
contabilista (m)	contable (m)	[kon'taβle]
guarda (m)	guardia (m) de seguridad	[gu'arðja de seguri'ðað]
investidor (m)	inversionista (m)	[imbersjo'nista]
devedor (m)	deudor (m)	[deu'ðor]
credor (m)	acreedor (m)	[akree'ðor]
mutuário (m)	prestatario (m)	[presta'tario]
importador (m)	importador (m)	[importa'ðor]
exportador (m)	exportador (m)	[eksporta'ðor]
produtor (m)	productor (m)	[proðuk'tor]
distribuidor (m)	distribuidor (m)	[distriβui'ðor]
intermediário (m)	intermediario (m)	[interme'ðjario]
consultor (m)	asesor (m)	[ase'sor]
representante (m)	representante (m)	[represen'tante]
agente (m)	agente (m)	[a'χente]
agente (m) de seguros	agente (m) de seguros	[a'χente de se'guros]

106. Profissões de serviços

cozinheiro (m)	cocinero (m)	[koθi'nero]
cozinheiro chefe (m)	jefe (m) de cocina	['χefe de ko'θina]

padeiro (m)	panadero (m)	[pana'ðero]
barman (m)	barman (m)	['barman]
empregado (m) de mesa	camarero (m)	[kama'rero]
empregada (f) de mesa	camarera (f)	[kama'rera]

advogado (m)	abogado (m)	[aβo'gaðo]
jurista (m)	jurista (m)	[χu'rista]
notário (m)	notario (m)	[no'tario]

eletricista (m)	electricista (m)	[elektri'θista]
canalizador (m)	fontanero (m)	[fonta'nero]
carpinteiro (m)	carpintero (m)	[karpin'tero]

massagista (m)	masajista (m)	[masa'χista]
massagista (f)	masajista (f)	[masa'χista]
médico (m)	médico (m)	['meðiko]

taxista (m)	taxista (m)	[ta'ksista]
condutor (automobilista)	chofer (m)	['ʧofer]
entregador (m)	repartidor (m)	[reparti'ðor]

camareira (f)	camarera (f)	[kama'rera]
guarda (m)	guardia (m) de seguridad	[gu'arðja de seguri'ðað]
hospedeira (f) de bordo	azafata (f)	[aθa'fata]

professor (m)	profesor (m)	[profe'sor]
bibliotecário (m)	bibliotecario (m)	[biβliote'kario]
tradutor (m)	traductor (m)	[traðuk'tor]
intérprete (m)	intérprete (m)	[in'terprete]
guia (pessoa)	guía (m)	['gia]

cabeleireiro (m)	peluquero (m)	[pelʲu'kero]
carteiro (m)	cartero (m)	[kar'tero]
vendedor (m)	vendedor (m)	[bende'ðor]

jardineiro (m)	jardinero (m)	[χarði'nero]
criado (m)	servidor (m)	[serβi'ðor]
criada (f)	criada (f)	[kri'aða]
empregada (f) de limpeza	mujer (f) de la limpieza	[mu'χer de lʲa lim'pjeθa]

107. Profissões militares e postos

soldado (m) raso	soldado (m) raso	[solʲ'ðaðo 'raso]
sargento (m)	sargento (m)	[sar'χento]
tenente (m)	teniente (m)	[te'njente]
capitão (m)	capitán (m)	[kapi'tan]

major (m)	mayor (m)	[ma'jor]
coronel (m)	coronel (m)	[koro'nelʲ]
general (m)	general (m)	[χene'ralʲ]
marechal (m)	mariscal (m)	[maris'kalʲ]
almirante (m)	almirante (m)	[alʲmi'rante]
militar (m)	militar (m)	[mili'tar]
soldado (m)	soldado (m)	[solʲ'ðaðo]

| oficial (m) | oficial (m) | [ofi'θjalʲ] |
| comandante (m) | comandante (m) | [koman'dante] |

guarda (m) fronteiriço	guardafronteras (m)	[guarða·fron'teras]
operador (m) de rádio	radio-operador (m)	['raðjo opera'ðor]
explorador (m)	explorador (m)	[eksplʲora'ðor]
sapador (m)	zapador (m)	[θapa'ðor]
atirador (m)	tirador (m)	[tira'ðor]
navegador (m)	navegador (m)	[naβega'ðor]

108. Oficiais. Padres

| rei (m) | rey (m) | [rej] |
| rainha (f) | reina (f) | ['rejna] |

| príncipe (m) | príncipe (m) | ['prinθipe] |
| princesa (f) | princesa (f) | [prin'θesa] |

| czar (m) | zar (m) | [θar] |
| czarina (f) | zarina (f) | [θa'rina] |

presidente (m)	presidente (m)	[presi'ðente]
ministro (m)	ministro (m)	[mi'nistro]
primeiro-ministro (m)	primer ministro (m)	[pri'mer mi'nistro]
senador (m)	senador (m)	[sena'ðor]

diplomata (m)	diplomático (m)	[diplʲo'matiko]
cônsul (m)	cónsul (m)	['konsulʲ]
embaixador (m)	embajador (m)	[embaχa'ðor]
conselheiro (m)	consejero (m)	[konse'χero]

funcionário (m)	funcionario (m)	[funθjo'nario]
prefeito (m)	prefecto (m)	[pre'fekto]
Presidente (m) da Câmara	alcalde (m)	[alʲ'kalʲde]

| juiz (m) | juez (m) | [χu'eθ] |
| procurador (m) | fiscal (m) | [fis'kalʲ] |

missionário (m)	misionero (m)	[misjo'nero]
monge (m)	monje (m)	['monχe]
abade (m)	abad (m)	[a'βað]
rabino (m)	rabino (m)	[ra'βino]

vizir (m)	visir (m)	[bi'sir]
xá (m)	sha, shah (m)	[ʃa]
xeque (m)	jeque (m)	['χeke]

109. Profissões agrícolas

apicultor (m)	apicultor (m)	[apikulʲ'tor]
pastor (m)	pastor (m)	[pas'tor]
agrónomo (m)	agrónomo (m)	[a'ɣronomo]

| criador (m) de gado | ganadero (m) | [gana'ðero] |
| veterinário (m) | veterinario (m) | [beteri'nario] |

agricultor (m)	granjero (m)	[gran'xero]
vinicultor (m)	vinicultor (m)	[binikulʲ'tor]
zoólogo (m)	zoólogo (m)	[θo'olʲogo]
cowboy (m)	vaquero (m)	[ba'kero]

110. Profissões artísticas

| ator (m) | actor (m) | [ak'tor] |
| atriz (f) | actriz (f) | [ak'triθ] |

| cantor (m) | cantante (m) | [kan'tante] |
| cantora (f) | cantante (f) | [kan'tante] |

| bailarino (m) | bailarín (m) | [bajlʲa'rin] |
| bailarina (f) | bailarina (f) | [bajlʲa'rina] |

| artista (m) | artista (m) | [ar'tista] |
| artista (f) | artista (f) | [ar'tista] |

músico (m)	músico (m)	['musiko]
pianista (m)	pianista (m)	[pja'nista]
guitarrista (m)	guitarrista (m)	[gita'rista]

maestro (m)	director (m) de orquesta	[direk'tor de or'kesta]
compositor (m)	compositor (m)	[komposi'tor]
empresário (m)	empresario (m)	[empre'sario]

realizador (m)	director (m) de cine	[direk'tor de 'θine]
produtor (m)	productor (m)	[proðuk'tor]
argumentista (m)	guionista (m)	[gijo'nista]
crítico (m)	crítico (m)	['kritiko]

escritor (m)	escritor (m)	[eskri'tor]
poeta (m)	poeta (m)	[po'eta]
escultor (m)	escultor (m)	[eskulʲ'tor]
pintor (m)	pintor (m)	[pin'tor]

malabarista (m)	malabarista (m)	[malʲaβa'rista]
palhaço (m)	payaso (m)	[pa'jaso]
acrobata (m)	acróbata (m)	[a'kroβata]
mágico (m)	ilusionista (m)	[ilʲusjo'nista]

111. Várias profissões

médico (m)	médico (m)	['meðiko]
enfermeira (f)	enfermera (f)	[eɱfer'mera]
psiquiatra (m)	psiquiatra (m)	[si'kjatra]
estomatologista (m)	dentista (m)	[den'tista]
cirurgião (m)	cirujano (m)	[θiru'xano]

astronauta (m)	astronauta (m)	[astro'nauta]
astrónomo (m)	astrónomo (m)	[as'tronomo]
piloto (m)	piloto (m)	[pi'lʲoto]
motorista (m)	conductor (m)	[konduk'tor]
maquinista (m)	maquinista (m)	[maki'nista]
mecânico (m)	mecánico (m)	[me'kaniko]
mineiro (m)	minero (m)	[mi'nero]
operário (m)	obrero (m)	[o'βrero]
serralheiro (m)	cerrajero (m)	[θera'χero]
marceneiro (m)	carpintero (m)	[karpin'tero]
torneiro (m)	tornero (m)	[tor'nero]
construtor (m)	albañil (m)	[alʲβa'njilʲ]
soldador (m)	soldador (m)	[solʲda'ðor]
professor (m) catedrático	profesor (m)	[profe'sor]
arquiteto (m)	arquitecto (m)	[arki'tekto]
historiador (m)	historiador (m)	[istorja'ðor]
cientista (m)	científico (m)	[θjen'tifiko]
físico (m)	físico (m)	['fisiko]
químico (m)	químico (m)	['kimiko]
arqueólogo (m)	arqueólogo (m)	[arke'olʲogo]
geólogo (m)	geólogo (m)	[χe'olʲogo]
pesquisador (cientista)	investigador (m)	[imbestiga'ðor]
babysitter (f)	niñera (f)	[ni'njera]
professor (m)	pedagogo (m)	[peða'gogo]
redator (m)	redactor (m)	[reðak'tor]
redator-chefe (m)	redactor jefe (m)	[reðak'tor 'χefe]
correspondente (m)	corresponsal (m)	[korespon'salʲ]
datilógrafa (f)	mecanógrafa (f)	[meka'noɣrafa]
designer (m)	diseñador (m)	[disenja'ðor]
especialista (m) em informática	especialista (m) en ordenadores	[espeθja'lista en orðena'ðores]
programador (m)	programador (m)	[proɣrama'ðor]
engenheiro (m)	ingeniero (m)	[inχe'njero]
marujo (m)	marino (m)	[ma'rino]
marinheiro (m)	marinero (m)	[mari'nero]
salvador (m)	socorrista (m)	[soko'rista]
bombeiro (m)	bombero (m)	[bom'bero]
polícia (m)	policía (m)	[poli'θia]
guarda-noturno (m)	vigilante (m) nocturno	[biχi'lʲante nok'turno]
detetive (m)	detective (m)	[detek'tiβe]
funcionário (m) da alfândega	aduanero (m)	[aðua'nero]
guarda-costas (m)	guardaespaldas (m)	[guarða·es'palʲdas]
guarda (m) prisional	guardia (m) de prisiones	[gu'arðja de pri'sjones]
inspetor (m)	inspector (m)	[inspek'tor]
desportista (m)	deportista (m)	[depor'tista]
treinador (m)	entrenador (m)	[entrena'ðor]

talhante (m)	carnicero (m)	[karni'θero]
sapateiro (m)	zapatero (m)	[θapa'tero]
comerciante (m)	comerciante (m)	[komer'θjante]
carregador (m)	cargador (m)	[karga'ðor]
estilista (m)	diseñador (m) de moda	[disenja'ðor de 'moða]
modelo (f)	modelo (f)	[mo'ðeljo]

112. Ocupações. Estatuto social

aluno, escolar (m)	escolar (m)	[esko'ljar]
estudante (~ universitária)	estudiante (m)	[estu'ðjante]
filósofo (m)	filósofo (m)	[fi'ljosofo]
economista (m)	economista (m)	[ekono'mista]
inventor (m)	inventor (m)	[imben'tor]
desempregado (m)	desempleado (m)	[desemple'aðo]
reformado (m)	jubilado (m)	[χuβi'ljaðo]
espião (m)	espía (m)	[es'pia]
preso (m)	prisionero (m)	[prisjo'nero]
grevista (m)	huelguista (m)	[uel'gista]
burocrata (m)	burócrata (m)	[bu'rokrata]
viajante (m)	viajero (m)	[bja'χero]
homossexual (m)	homosexual (m)	[omoseksu'alj]
hacker (m)	hacker (m)	['aker]
hippie	hippie (m)	['χipi]
bandido (m)	bandido (m)	[ban'diðo]
assassino (m) a soldo	sicario (m)	[si'kario]
toxicodependente (m)	drogadicto (m)	[droɣa'ðikto]
traficante (m)	narcotraficante (m)	[narko·trafi'kante]
prostituta (f)	prostituta (f)	[prosti'tuta]
chulo (m)	chulo (m), proxeneta (m)	['tʃuljo], [prokse'neta]
bruxo (m)	brujo (m)	['bruχo]
bruxa (f)	bruja (f)	['bruχa]
pirata (m)	pirata (m)	[pi'rata]
escravo (m)	esclavo (m)	[es'kljaβo]
samurai (m)	samurai (m)	[samu'raj]
selvagem (m)	salvaje (m)	[salj'βaχe]

Desportos

desportista (m)	deportista (m)	[depor'tista]
tipo (m) de desporto	tipo (m) de deporte	['tipo de de'porte]
basquetebol (m)	baloncesto (m)	[balʲon'θesto]
jogador (m) de basquetebol	baloncestista (m)	[balʲonθes'tista]
beisebol (m)	béisbol (m)	['bejsβolʲ]
jogador (m) de beisebol	beisbolista (m)	[bejsβo'lista]
futebol (m)	fútbol (m)	['futβolʲ]
futebolista (m)	futbolista (m)	[futβo'lista]
guarda-redes (m)	portero (m)	[por'tero]
hóquei (m)	hockey (m)	['χokej]
jogador (m) de hóquei	jugador (m) de hockey	[χuga'ðor de 'χokej]
voleibol (m)	voleibol (m)	[bolej'βolʲ]
jogador (m) de voleibol	voleibolista (m)	[bolejβo'lista]
boxe (m)	boxeo (m)	[bo'kseo]
boxeador, pugilista (m)	boxeador (m)	[boksea'ðor]
luta (f)	lucha (f)	['lʲutʃa]
lutador (m)	luchador (m)	[lʲutʃa'ðor]
karaté (m)	kárate (m)	['karate]
karateca (m)	karateka (m)	[kara'teka]
judo (m)	judo (m)	['juðo]
judoca (m)	judoka (m)	[ju'ðoka]
ténis (m)	tenis (m)	['tenis]
tenista (m)	tenista (m)	[te'nista]
natação (f)	natación (f)	[nata'θjon]
nadador (m)	nadador (m)	[naða'ðor]
esgrima (f)	esgrima (f)	[ez'ɣrima]
esgrimista (m)	esgrimidor (m)	[ezɣrimi'ðor]
xadrez (m)	ajedrez (m)	[aχe'ðreθ]
xadrezista (m)	ajedrecista (m)	[aχeðre'θista]
alpinismo (m)	alpinismo (m)	[alʲpi'nismo]
alpinista (m)	alpinista (m)	[alʲpi'nista]
corrida (f)	carrera (f)	[ka'rera]

corredor (m)	corredor (m)	[kore'ðor]
atletismo (m)	atletismo (m)	[atle'tismo]
atleta (m)	atleta (m)	[at'leta]
hipismo (m)	deporte (m) hípico	[de'porte 'χipiko]
cavaleiro (m)	jinete (m)	[χi'nete]
patinagem (f) artística	patinaje (m) artístico	[pati'naχe ar'tistiko]
patinador (m)	patinador (m)	[patina'ðor]
patinadora (f)	patinadora (f)	[patina'ðora]
halterofilismo (m)	levantamiento (m) de pesas	[leβanta'mjento de 'pesas]
halterofilista (m)	levantador (m) de pesas	[leβanta'ðor de 'pesas]
corrida (f) de carros	carreras (f pl) de coches	[ka'reras de 'kotʃes]
piloto (m)	piloto (m) de carreras	[pi'lʲoto de ka'reras]
ciclismo (m)	ciclismo (m)	[θik'lismo]
ciclista (m)	ciclista (m)	[θik'lista]
salto (m) em comprimento	salto (m) de longitud	['salʲto de lʲonχi'tuð]
salto (m) à vara	salto (m) con pértiga	['salʲto kon 'pertiga]
atleta (m) de saltos	saltador (m)	[salʲta'ðor]

114. Tipos de desportos. Diversos

futebol (m) americano	fútbol (m) americano	['futβolʲ ameri'kano]
bádminton (m)	bádminton (m)	['baðminton]
biatlo (m)	biatlón (m)	[biat'lʲon]
bilhar (m)	billar (m)	[bi'jar]
bobsled (m)	bobsleigh (m)	['boβslej]
musculação (f)	culturismo (m)	[kulʲtu'rismo]
polo (m) aquático	waterpolo (m)	[water'polʲo]
andebol (m)	balonmano (m)	[balʲon'mano]
golfe (m)	golf (m)	[golʲf]
remo (m)	remo (m)	['remo]
mergulho (m)	buceo (m)	[bu'θeo]
corrida (f) de esqui	esquí (m) de fondo	[es'ki de 'fondo]
ténis (m) de mesa	tenis (m) de mesa	['tenis de 'mesa]
vela (f)	vela (f)	['belʲa]
rali (m)	rally (m)	['rali]
râguebi (m)	rugby (m)	['ruχβi]
snowboard (m)	snowboard (m)	[eznow'βorðıŋ]
tiro (m) com arco	tiro (m) con arco	['tiro kon 'arko]

115. Ginásio

barra (f)	barra (f) de pesas	['bara de 'pesas]
halteres (m pl)	pesas (f pl)	['pesas]
aparelho (m) de musculaçao	aparato (m) de ejercicios	[apa'rato de eχer'θiθjos]

| bicicleta (f) ergométrica | bicicleta (f) estática | [biθik'leta es'tatika] |
| passadeira (f) de corrida | cinta (f) de correr | ['θinta de ko'rer] |

barra (f) fixa	barra (f) fija	['bara 'fiχa]
barras (f) paralelas	barras (f pl) paralelas	['baras para'lelʲas]
cavalo (m)	potro (m)	['potro]
tapete (m) de ginástica	colchoneta (f)	[kolʲʧo'neta]

corda (f) de saltar	comba (f)	['komba]
aeróbica (f)	aeróbica (f)	[ae'roβika]
ioga (f)	yoga (m)	['joga]

116. Desportos. Diversos

Jogos (m pl) Olímpicos	Juegos (m pl) Olímpicos	[χu'egos o'limpikos]
vencedor (m)	vencedor (m)	[benθe'ðor]
vencer (vi)	vencer (vi)	[ben'θer]
vencer, ganhar (vi)	ganar (vi)	[ga'nar]

| líder (m) | líder (m) | ['liðer] |
| liderar (vt) | liderar (vt) | [liðe'rar] |

primeiro lugar (m)	primer puesto (m)	[pri'mer pu'esto]
segundo lugar (m)	segundo puesto (m)	[se'gundo pu'esto]
terceiro lugar (m)	tercer puesto (m)	[ter'θer pu'esto]

medalha (f)	medalla (f)	[me'ðaja]
troféu (m)	trofeo (m)	[tro'feo]
taça (f)	copa (f)	['kopa]
prémio (m)	premio (m)	['premio]
prémio (m) principal	premio (m) principal	['premio prinθi'palʲ]

| recorde (m) | record (m) | ['rekorð] |
| estabelecer um recorde | establecer un record | [estaβle'θer un 'rekorð] |

| final (m) | final (m) | [fi'nalʲ] |
| final | de final (adj) | [de fi'nalʲ] |

| campeão (m) | campeón (m) | [kampe'on] |
| campeonato (m) | campeonato (m) | [kampeo'nato] |

estádio (m)	estadio (m)	[es'taðio]
bancadas (f pl)	gradería (f)	[graðe'ria]
fã, adepto (m)	hincha (m)	['inʧa]
adversário (m)	adversario (m)	[aðβer'sario]

| partida (f) | arrancadero (m) | [araŋka'ðero] |
| chegada, meta (f) | línea (f) de meta | ['linea de 'meta] |

| derrota (f) | derrota (f) | [de'rota] |
| perder (vt) | perder (vi) | [per'ðer] |

| árbitro (m) | árbitro (m) | ['arβitro] |
| júri (m) | jurado (m) | [χu'raðo] |

resultado (m)	cuenta (f)	[ku'enta]
empate (m)	empate (m)	[em'pate]
empatar (vi)	empatar (vi)	[empa'tar]
ponto (m)	punto (m)	['punto]
resultado (m) final	resultado (m)	[resulⁱ'taðo]

tempo, período (m)	tiempo (m)	['tjempo]
intervalo (m)	descanso (m)	[des'kanso]
doping (m)	droga (f), doping (m)	['droga], ['dopin]
penalizar (vt)	penalizar (vt)	[penali'θar]
desqualificar (vt)	descalificar (vt)	[deskalifi'kar]

aparelho (m)	aparato (m)	[apa'rato]
dardo (m)	jabalina (f)	[χaβa'lina]
peso (m)	peso (m)	['peso]
bola (f)	bola (f)	['bolⁱa]

alvo, objetivo (m)	objetivo (m)	[oβχe'tiβo]
alvo (~ de papel)	blanco (m)	['blⁱaŋko]
atirar, disparar (vi)	tirar (vi)	[ti'rar]
preciso (tiro ~)	preciso (adj)	[pre'θiso]

treinador (m)	entrenador (m)	[entrena'ðor]
treinar (vt)	entrenar (vt)	[entre'nar]
treinar-se (vr)	entrenarse (vr)	[entre'narse]
treino (m)	entrenamiento (m)	[entrena'mjento]

ginásio (m)	gimnasio (m)	[χim'nasio]
exercício (m)	ejercicio (m)	[eχer'θiθio]
aquecimento (m)	calentamiento (m)	[kalenta'mjento]

Educação

escola (f)	escuela (f)	[esku'eʎa]
diretor (m) de escola	director (m) de escuela	[direk'tor de esku'eʎa]
aluno (m)	alumno (m)	[a'lʲumno]
aluna (f)	alumna (f)	[a'lʲumna]
escolar (m)	escolar (m)	[esko'lʲar]
escolar (f)	escolar (f)	[esko'lʲar]
ensinar (vt)	enseñar (vt)	[ense'njar]
aprender (vt)	aprender (vt)	[apren'der]
aprender de cor	aprender de memoria	[apren'der de me'moria]
estudar (vi)	aprender (vt)	[apren'der]
andar na escola	estar en la escuela	[es'tar en lʲa esku'eʎa]
ir à escola	ir a la escuela	[ir a lʲa esku'eʎa]
alfabeto (m)	alfabeto (m)	[alʲfa'βeto]
disciplina (f)	materia (f)	[ma'teria]
sala (f) de aula	aula (f)	[aulʲa]
lição (f)	lección (f)	[lek'θjon]
recreio (m)	recreo (m)	[re'kreo]
toque (m)	campana (f)	[kam'pana]
carteira (f)	pupitre (m)	[pu'pitre]
quadro (m) negro	pizarra (f)	[pi'θara]
nota (f)	nota (f)	['nota]
boa nota (f)	buena nota (f)	[bu'ena 'nota]
nota (f) baixa	mala nota (f)	['malʲa 'nota]
dar uma nota	poner una nota	[po'ner 'una 'nota]
erro (m)	falta (f)	['falʲta]
fazer erros	hacer faltas	[a'θer 'falʲtas]
corrigir (vt)	corregir (vt)	[kore'χir]
cábula (f)	chuleta (f)	[ʧu'leta]
dever (m) de casa	deberes (m pl) de casa	[de'βeres de 'kasa]
exercício (m)	ejercicio (m)	[eχer'θiθio]
estar presente	estar presente	[es'tar pre'sente]
estar ausente	estar ausente	[es'tar au'sente]
faltar às aulas	faltar a las clases	[falʲ'tar a lʲas 'klʲases]
punir (vt)	castigar (vt)	[kasti'gar]
punição (f)	castigo (m)	[kas'tigo]
comportamento (m)	conducta (f)	[kon'dukta]

boletim (m) escolar	libreta (f) de notas	[li'βreta de 'notas]
lápis (m)	lápiz (m)	['lʲapiθ]
borracha (f)	goma (f) de borrar	['goma de bo'rar]
giz (m)	tiza (f)	['tiθa]
estojo (m)	cartuchera (f)	[kartu'ʧera]
pasta (f) escolar	mochila (f)	[mo'ʧilʲa]
caneta (f)	bolígrafo (m)	[bo'liɣrafo]
caderno (m)	cuaderno (m)	[kua'ðerno]
manual (m) escolar	manual (m)	[manu'alʲ]
compasso (m)	compás (m)	[kom'pas]
traçar (vt)	trazar (vi, vt)	[tra'θar]
desenho (m) técnico	dibujo (m) técnico	[di'βuχo 'tekniko]
poesia (f)	poema (m), poesía (f)	[po'ema], [poe'sia]
de cor	de memoria (adv)	[de me'moria]
aprender de cor	aprender de memoria	[apren'der de me'moria]
férias (f pl)	vacaciones (f pl)	[baka'θjones]
estar de férias	estar de vacaciones	[es'tar de baka'θjones]
passar as férias	pasar las vacaciones	[pa'sar lʲas baka'θjones]
teste (m)	prueba (f) escrita	[pru'eβa es'krita]
composição, redação (f)	composición (f)	[komposi'θjon]
ditado (m)	dictado (m)	[dik'taðo]
exame (m)	examen (m)	[e'ksamen]
fazer exame	hacer un examen	[a'θer un e'ksamen]
experiência (~ química)	experimento (m)	[eksperi'mento]

118. Colégio. Universidade

academia (f)	academia (f)	[aka'ðemia]
universidade (f)	universidad (f)	[uniβersi'ðað]
faculdade (f)	facultad (f)	[fakulʲ'tað]
estudante (m)	estudiante (m)	[estu'ðjante]
estudante (f)	estudiante (f)	[estu'ðjante]
professor (m)	profesor (m)	[profe'sor]
sala (f) de palestras	aula (f)	['aulʲa]
graduado (m)	graduado (m)	[graðu'aðo]
diploma (m)	diploma (m)	[di'plʲoma]
tese (f)	tesis (f) de grado	['tesis de 'graðo]
estudo (obra)	estudio (m)	[es'tuðio]
laboratório (m)	laboratorio (m)	[lʲaβora'torio]
palestra (f)	clase (f)	['klʲase]
colega (m) de curso	compañero (m) de curso	[kompa'njero de 'kurso]
bolsa (f) de estudos	beca (f)	['beka]
grau (m) académico	grado (m) académico	['graðo aka'ðemiko]

119. Ciências. Disciplinas

matemática (f)	matemáticas (f pl)	[mate'matikas]
álgebra (f)	álgebra (f)	['alχeβra]
geometria (f)	geometría (f)	[χeome'tria]

astronomia (f)	astronomía (f)	[astrono'mia]
biologia (f)	biología (f)	[biolʲo'χia]
geografia (f)	geografía (f)	[χeoɣra'fia]
geologia (f)	geología (f)	[χeolʲo'χia]
história (f)	historia (f)	[is'toria]

medicina (f)	medicina (f)	[meði'θina]
pedagogia (f)	pedagogía (f)	[peðago'χia]
direito (m)	derecho (m)	[de'reʧo]

física (f)	física (f)	['fisika]
química (f)	química (f)	['kimika]
filosofia (f)	filosofía (f)	[filʲoso'fia]
psicologia (f)	psicología (f)	[sikolʲo'χia]

120. Sistema de escrita. Ortografia

gramática (f)	gramática (f)	[gra'matika]
vocabulário (m)	vocabulario (m)	[bokaβu'lʲario]
fonética (f)	fonética (f)	[fo'netika]

substantivo (m)	sustantivo (m)	[sustan'tiβo]
adjetivo (m)	adjetivo (m)	[aðχe'tiβo]
verbo (m)	verbo (m)	['berβo]
advérbio (m)	adverbio (m)	[að'βerβio]

pronome (m)	pronombre (m)	[pro'nombre]
interjeição (f)	interjección (f)	[interχek'θjon]
preposição (f)	preposición (f)	[preposi'θjon]

raiz (f) da palavra	raíz (f), radical (m)	[ra'iθ], [raði'kalʲ]
terminação (f)	desinencia (f)	[desi'nenθia]
prefixo (m)	prefijo (m)	[pre'fiχo]
sílaba (f)	sílaba (f)	['silʲaβa]
sufixo (m)	sufijo (m)	[su'fiχo]

| acento (m) | acento (m) | [a'θento] |
| apóstrofo (m) | apóstrofo (m) | [a'postrofo] |

ponto (m)	punto (m)	['punto]
vírgula (f)	coma (m)	['koma]
ponto e vírgula (m)	punto y coma	['punto i 'koma]
dois pontos (m pl)	dos puntos (m pl)	[dos 'puntos]
reticências (f pl)	puntos (m pl) suspensivos	['puntos suspen'siβos]

| ponto (m) de interrogação | signo (m) de interrogación | ['siɣno de interoga'θjon] |
| ponto (m) de exclamação | signo (m) de admiración | ['siɣno de aðmira'θjon] |

aspas (f pl)	comillas (f pl)	[ko'mijas]
entre aspas	entre comillas	['entre ko'mijas]
parênteses (m pl)	paréntesis (m)	[pa'rentesis]
entre parênteses	entre paréntesis	['entre pa'rentesis]
hífen (m)	guión (m)	[gi'jon]
travessão (m)	raya (f)	['raja]
espaço (m)	blanco (m)	['blʲaŋko]
letra (f)	letra (f)	['letra]
letra (f) maiúscula	letra (f) mayúscula	['letra ma'juskulʲa]
vogal (f)	vocal (f)	[bo'kalʲ]
consoante (f)	consonante (m)	[konso'nante]
frase (f)	oración (f)	[ora'θjon]
sujeito (m)	sujeto (m)	[su'χeto]
predicado (m)	predicado (m)	[preði'kaðo]
linha (f)	línea (f)	['linea]
em uma nova linha	en una nueva línea	[en 'una nu'eβa 'linea]
parágrafo (m)	párrafo (m)	['parafo]
palavra (f)	palabra (f)	[pa'lʲaβra]
grupo (m) de palavras	combinación (f) de palabras	[kombina'θjon de pa'lʲaβras]
expressão (f)	expresión (f)	[ekspre'θjon]
sinónimo (m)	sinónimo (m)	[si'nonimo]
antónimo (m)	antónimo (m)	[an'tonimo]
regra (f)	regla (f)	['reɣlʲa]
exceção (f)	excepción (f)	[ekθep'θjon]
correto	correcto (adj)	[ko'rekto]
conjugação (f)	conjugación (f)	[konχuga'θjon]
declinação (f)	declinación (f)	[deklina'θjon]
caso (m)	caso (m)	['kaso]
pergunta (f)	pregunta (f)	[pre'gunta]
sublinhar (vt)	subrayar (vt)	[suβra'jar]
linha (f) pontilhada	línea (f) de puntos	['linea de 'puntos]

121. Línguas estrangeiras

língua (f)	lengua (f)	['lengua]
estrangeiro	extranjero (adj)	[ekstran'χero]
língua (f) estrangeira	lengua (f) extranjera	['lengua ekstran'χera]
estudar (vt)	estudiar (vt)	[estu'ðjar]
aprender (vt)	aprender (vt)	[apren'der]
ler (vt)	leer (vi, vt)	[le'er]
falar (vi)	hablar (vi, vt)	[a'βlʲar]
compreender (vt)	comprender (vt)	[kompren'der]
escrever (vt)	escribir (vt)	[eskri'βir]
rapidamente	rápidamente (adv)	['rapiða'mente]
devagar	lentamente (adv)	[lenta'mente]

111

fluentemente	con fluidez (adv)	[kon flʲui'ðeθ]
regras (f pl)	reglas (f pl)	['reɣlʲas]
gramática (f)	gramática (f)	[gra'matika]
vocabulário (m)	vocabulario (m)	[bokaβu'lʲario]
fonética (f)	fonética (f)	[fo'netika]

manual (m) escolar	manual (m)	[manu'alʲ]
dicionário (m)	diccionario (m)	[dikθjo'nario]
manual (m) de autoaprendizagem	manual (m) autodidáctico	[manu'alʲ autoði'ðaktiko]
guia (m) de conversação	guía (f) de conversación	['gia de kombersa'θjon]

cassete (f)	casete (m)	[ka'sete]
vídeo cassete (m)	videocasete (f)	[biðeo·ka'sete]
CD (m)	disco compacto (m)	['disko kom'pakto]
DVD (m)	DVD (m)	[deβe'de]

alfabeto (m)	alfabeto (m)	[alʲfa'βeto]
soletrar (vt)	deletrear (vt)	[deletre'ar]
pronúncia (f)	pronunciación (f)	[pronunθja'θjon]

sotaque (m)	acento (m)	[a'θento]
com sotaque	con acento	[kon a'θento]
sem sotaque	sin acento	[sin a'θento]

palavra (f)	palabra (f)	[pa'lʲaβra]
sentido (m)	significado (m)	[siɣnifi'kaðo]

cursos (m pl)	cursos (m pl)	['kursos]
inscrever-se (vr)	inscribirse (vr)	[inskri'βirse]
professor (m)	profesor (m)	[profe'sor]

tradução (processo)	traducción (f)	[traðuk'θjon]
tradução (texto)	traducción (f)	[traðuk'θjon]
tradutor (m)	traductor (m)	[traðuk'tor]
intérprete (m)	intérprete (m)	[in'terprete]

poliglota (m)	políglota (m)	[po'liɣlʲota]
memória (f)	memoria (f)	[me'moria]

122. Personagens de contos de fadas

Pai (m) Natal	Papá Noel (m)	[pa'pa no'elʲ]
Cinderela (f)	Cenicienta (f)	[θeni'θjenta]
sereia (f)	sirena (f)	[si'rena]
Neptuno (m)	Neptuno	[nep'tuno]

mago (m)	mago (m)	['mago]
fada (f)	maga (f)	['maga]
mágico	mágico (adj)	['maxiko]
varinha (f) mágica	varita (f) mágica	[ba'rita 'maxika]

conto (m) de fadas	cuento (m) de hadas	[ku'ento de 'aðas]
milagre (m)	milagro (m)	[mi'lʲaɣro]

anão (m)	enano (m)	[e'nano]
transformar-se em ...	transformarse en ...	[transfor'marse en]

fantasma (m)	fantasma (m)	[fan'tasma]
espetro (m)	espíritu (m)	[es'piritu]
monstro (m)	monstruo (m)	['monstruo]
dragão (m)	dragón (m)	[dra'ɣon]
gigante (m)	gigante (m)	[χi'gante]

123. Signos do Zodíaco

Carneiro	Aries (m)	['aries]
Touro	Tauro (m)	['tauro]
Gémeos	Géminis (m pl)	['χeminis]
Caranguejo	Cáncer (m)	['kanθer]
Leão	Leo (m)	['leo]
Virgem (f)	Virgo (m)	['birgo]

Balança	Libra (f)	['liβra]
Escorpião	Escorpio (m)	[es'korpio]
Sagitário	Sagitario (m)	[saχi'tario]
Capricórnio	Capricornio (m)	[kapri'kornio]
Aquário	Acuario (m)	[aku'ario]
Peixes	Piscis (m pl)	['piθis]

caráter (m)	carácter (m)	[ka'rakter]
traços (m pl) do caráter	rasgos (m pl) de carácter	['rasgos de ka'rakter]
comportamento (m)	conducta (f)	[kon'dukta]
predizer (vt)	decir la buenaventura	[de'θir lʲa buenaβen'tura]
adivinha (f)	adivinadora (f)	[aðiβina'ðora]
horóscopo (m)	horóscopo (m)	[o'roskopo]

Artes

124. Teatro

Portuguese	Spanish	Pronunciation
teatro (m)	teatro (m)	[te'atro]
ópera (f)	ópera (f)	['opera]
opereta (f)	opereta (f)	[ope'reta]
balé (m)	ballet (m)	[ba'let]
cartaz (m)	cartelera (f)	[karte'lera]
companhia (f) teatral	compañía (f)	[kompa'njia]
turné (digressão)	gira (f) artística	['xira ar'tistika]
estar em turné	hacer una gira artística	[a'θer una 'xira ar'tistika]
ensaiar (vt)	ensayar (vi, vt)	[ensa'jar]
ensaio (m)	ensayo (m)	[en'sajo]
repertório (m)	repertorio (m)	[reper'torio]
apresentação (f)	representación (f)	[representa'θjon]
espetáculo (m)	espectáculo (m)	[espek'takuʎo]
peça (f)	pieza (f) de teatro	['pjeθa de te'atro]
bilhete (m)	billet (m)	[bi'je]
bilheteira (f)	taquilla (f)	[ta'kija]
hall (m)	vestíbulo (m)	[bes'tiβuʎo]
guarda-roupa (m)	guardarropa (f)	[guarða'ropa]
senha (f) numerada	ficha (f) de guardarropa	['fitʃa de guarða'ropa]
binóculo (m)	gemelos (m pl)	[xe'meʎos]
lanterninha (m)	acomodador (m)	[akomoða'ðor]
plateia (f)	patio (m) de butacas	['patjo de bu'takas]
balcão (m)	balconcillo (m)	[balkon'θijo]
primeiro balcão (m)	entresuelo (m)	[entresu'eʎo]
camarote (m)	palco (m)	['paʎko]
fila (f)	fila (f)	['fiʎa]
assento (m)	asiento (m)	[a'sjento]
público (m)	público (m)	['puβliko]
espetador (m)	espectador (m)	[espekta'ðor]
aplaudir (vt)	aplaudir (vi, vt)	[apʎau'ðir]
aplausos (m pl)	aplausos (m pl)	[ap'ʎausos]
ovação (f)	ovación (f)	[oβa'θjon]
palco (m)	escenario (m)	[eθe'nario]
pano (m) de boca	telón (m)	[te'ʎon]
cenário (m)	decoración (f)	[dekora'θjon]
bastidores (m pl)	bastidores (m pl)	[basti'ðores]
cena (f)	escena (f)	[eθ'sena]
ato (m)	acto (m)	['akto]
entreato (m)	entreacto (m)	[entre'akto]

125. Cinema

ator (m)	actor (m)	[ak'tor]
atriz (f)	actriz (f)	[ak'triθ]
cinema (m)	cine (m)	['θine]
filme (m)	película (f)	[pe'likulʲa]
episódio (m)	episodio (m)	[epi'soðio]
filme (m) policial	película (f) policíaca	[pe'likulʲa poli'θiaka]
filme (m) de ação	película (f) de acción	[pe'likulʲa de ak'θjon]
filme (m) de aventuras	película (f) de aventura	[pe'likulʲa de aβen'tura]
filme (m) de ficção científica	película (f) de ciencia ficción	[pe'likulʔa de 'ʔjenʔia fik'ʔjon]
filme (m) de terror	película (f) de horror	[pe'likulʲa de o'ror]
comédia (f)	película (f) cómica	[pe'likulʲa 'komika]
melodrama (m)	melodrama (m)	[melʲo'ðrama]
drama (m)	drama (m)	['drama]
filme (m) ficcional	película (f) de ficción	[pe'likulʲa de fik'θjon]
documentário (m)	documental (m)	[dokumen'talʲ]
desenho (m) animado	dibujos (m pl) animados	[di'βuχos ani'maðos]
cinema (m) mudo	cine (m) mudo	['θine 'muðo]
papel (m)	papel (m)	[pa'pelʲ]
papel (m) principal	papel (m) principal	[pa'pelʲ prinθi'palʲ]
representar (vt)	interpretar (vt)	[interpre'tar]
estrela (f) de cinema	estrella (f) de cine	[es'treja de 'θine]
conhecido	conocido (adj)	[kono'θiðo]
famoso	famoso (adj)	[fa'moso]
popular	popular (adj)	[popu'lʲar]
argumento (m)	guión (m) de cine	[gi'jon de 'θine]
argumentista (m)	guionista (m)	[gijo'nista]
realizador (m)	director (m) de cine	[direk'tor de 'θine]
produtor (m)	productor (m)	[proðuk'tor]
assistente (m)	asistente (m)	[asis'tente]
diretor (m) de fotografia	operador (m) de cámara	[opera'ðor de 'kamara]
duplo (m)	doble (m) de riesgo	['doβle de 'rjesgo]
duplo (m) de corpo	doble (m)	['doβle]
filmar (vt)	filmar una película	[filʲ'mar una pe'likulʲa]
audição (f)	audición (f)	[auði'θjon]
filmagem (f)	rodaje (m)	[ro'ðaχe]
equipe (f) de filmagem	equipo (m) de rodaje	[e'kipo de ro'ðaχe]
set (m) de filmagem	plató (m) de rodaje	[plʲa'to de ro'ðaχe]
câmara (f)	cámara (f)	['kamara]
cinema (m)	cine (m)	['θine]
ecrã (m), tela (f)	pantalla (f)	[pan'taja]
exibir um filme	mostrar la película	[mos'trar lʲa pe'likulʲa]
pista (f) sonora	pista (f) sonora	['pista so'nora]
efeitos (m pl) especiais	efectos (m pl) especiales	[e'fektos espe'θjales]

legendas (f pl)	subtítulos (m pl)	[suβ'titul'os]
crédito (m)	créditos (m pl)	['kreðitos]
tradução (f)	traducción (f)	[traðuk'θjon]

126. Pintura

arte (f)	arte (m)	['arte]
belas-artes (f pl)	bellas artes (f pl)	['bejas 'artes]
galeria (f) de arte	galería (f) de arte	[gale'ria de 'arte]
exposição (f) de arte	exposición (f) de arte	[eksposi'θjon de 'arte]
pintura (f)	pintura (f)	[pin'tura]
arte (f) gráfica	gráfica (f)	['grafika]
arte (f) abstrata	abstraccionismo (m)	[aβstrakθjo'nismo]
impressionismo (m)	impresionismo (m)	[impresjo'nismo]
pintura (f), quadro (m)	pintura (f)	[pin'tura]
desenho (m)	dibujo (m)	[di'βuχo]
cartaz, póster (m)	pancarta (f)	[paŋ'karta]
ilustração (f)	ilustración (f)	[il'ustra'θjon]
miniatura (f)	miniatura (f)	[minia'tura]
cópia (f)	copia (f)	['kopia]
reprodução (f)	reproducción (f)	[reproðuk'θjon]
mosaico (m)	mosaico (m)	[mo'saiko]
vitral (m)	vitral (m)	[bi'tral']
fresco (m)	fresco (m)	['fresko]
gravura (f)	grabado (m)	[gra'βaðo]
busto (m)	busto (m)	['busto]
escultura (f)	escultura (f)	[eskul'tura]
estátua (f)	estatua (f)	[es'tatua]
gesso (m)	yeso (m)	['jeso]
em gesso	en yeso (adj)	[en 'jeso]
retrato (m)	retrato (m)	[re'trato]
autorretrato (m)	autorretrato (m)	[autore'trato]
paisagem (f)	paisaje (m)	[paj'saχe]
natureza (f) morta	naturaleza (f) muerta	[natura'leθa mu'erta]
caricatura (f)	caricatura (m)	[karika'tura]
esboço (m)	boceto (m)	[bo'θeto]
tinta (f)	pintura (f)	[pin'tura]
aguarela (f)	acuarela (f)	[akua'rel'a]
óleo (m)	óleo (m)	['oleo]
lápis (m)	lápiz (m)	['l'apiθ]
tinta da China (f)	tinta (f) china	['tinta 'tʃina]
carvão (m)	carboncillo (m)	[karβon'θijo]
desenhar (vt)	dibujar (vi, vt)	[diβu'χar]
pintar (vt)	pintar (vi, vt)	[pin'tar]
posar (vi)	posar (vi)	[po'sar]
modelo (m)	modelo (m)	[mo'ðel'o]

modelo (f)	modelo (f)	[mo'ðelʲo]
pintor (m)	pintor (m)	[pin'tor]
obra (f)	obra (f) de arte	['oβra de 'arte]
obra-prima (f)	obra (f) maestra	['oβra ma'estra]
estúdio (m)	estudio (m)	[es'tuðio]

tela (f)	lienzo (m)	['ljenθo]
cavalete (m)	caballete (m)	[kaβa'jete]
paleta (f)	paleta (f)	[pa'leta]

moldura (f)	marco (m)	['marko]
restauração (f)	restauración (f)	[restaura'θjon]
restaurar (vt)	restaurar (vt)	[restau'rar]

127. Literatura & Poesia

literatura (f)	literatura (f)	[litera'tura]
autor (m)	autor (m)	[au'tor]
pseudónimo (m)	seudónimo (m)	[seu'ðonimo]

livro (m)	libro (m)	['liβro]
volume (m)	tomo (m)	['tomo]
índice (m)	tabla (f) de contenidos	['taβlʲa de konte'niðos]
página (f)	página (f)	['paχina]
protagonista (m)	héroe (m) principal	['eroe prinθi'palʲ]
autógrafo (m)	autógrafo (m)	[au'toɣrafo]

conto (m)	relato (m) corto	[re'lʲato 'korto]
novela (f)	cuento (m)	[ku'ento]
romance (m)	novela (f)	[no'βelʲa]
obra (f)	obra (f) literaria	['oβra lite'raria]
fábula (m)	fábula (f)	['faβulʲa]

poesia (obra)	verso (m)	['berso]
poesia (arte)	poesía (f)	[poe'sia]
poema (m)	poema (m)	[po'ema]
poeta (m)	poeta (m)	[po'eta]

ficção (f)	bellas letras (f pl)	['bejas 'letras]
ficção (f) científica	ciencia ficción (f)	['θjenθia fik'θjon]
aventuras (f pl)	aventuras (f pl)	[aβen'turas]
literatura (f) didática	literatura (f) didáctica	[litera'tura di'ðaktika]
literatura (f) infantil	literatura (f) infantil	[litera'tura iɱfan'tilʲ]

128. Circo

circo (m)	circo (m)	['θirko]
circo (m) ambulante	circo (m) ambulante	['θirko ambu'lʲante]
programa (m)	programa (m)	[pro'ɣrama]
apresentação (f)	representación (f)	[representa'θjon]
número (m)	número (m)	['numero]
arena (f)	arena (f)	[a'rena]

117

pantomima (f)	**pantomima** (f)	[panto'mima]
palhaço (m)	**payaso** (m)	[pa'jaso]

acróbata (m)	**acróbata** (m)	[a'kroβata]
acrobacia (f)	**acrobacia** (f)	[akro'βaθia]
ginasta (m)	**gimnasta** (m)	[χim'nasta]
ginástica (f)	**gimnasia** (f) **acrobática**	[χim'nasia akro'βatika]
salto (m) mortal	**salto** (m)	['salʲto]

homem forte (m)	**forzudo** (m)	[for'θuðo]
domador (m)	**domador** (m)	[doma'ðor]
cavaleiro (m) equilibrista	**caballista** (m)	[kaβa'jista]
assistente (m)	**asistente** (m)	[asis'tente]

truque (m)	**truco** (m)	['truko]
truque (m) de mágica	**truco** (m) **de magia**	['truko de 'maχia]
mágico (m)	**ilusionista** (m)	[ilʲusjo'nista]

malabarista (m)	**malabarista** (m)	[malʲaβa'rista]
fazer malabarismos	**malabarear** (vt)	[malʲaβare'ar]
domador (m)	**amaestrador** (m)	[amaestra'ðor]
adestramento (m)	**amaestramiento** (m)	[amaestra'mjento]
adestrar (vt)	**amaestrar** (vt)	[amaes'trar]

129. Música. Música popular

música (f)	**música** (f)	['musika]
músico (m)	**músico** (m)	['musiko]
instrumento (m) musical	**instrumento** (m) **musical**	[instru'mento musi'kalʲ]
tocar ...	**tocar ...**	[to'kar]

guitarra (f)	**guitarra** (f)	[gi'tara]
violino (m)	**violín** (m)	[bio'lin]
violoncelo (m)	**violonchelo** (m)	[biolʲon'tʃelʲo]
contrabaixo (m)	**contrabajo** (m)	[kontra'βaχo]
harpa (f)	**arpa** (f)	['arpa]

piano (m)	**piano** (m)	['pjano]
piano (m) de cauda	**piano** (m) **de cola**	['pjano de 'kolʲa]
órgão (m)	**órgano** (m)	['organo]

instrumentos (m pl) de sopro	**instrumentos** (m pl) **de viento**	[instru'mentos de 'bjento]
oboé (m)	**oboe** (m)	[o'βoe]
saxofone (m)	**saxofón** (m)	[sakso'fon]
clarinete (m)	**clarinete** (m)	[klʲari'nete]
flauta (f)	**flauta** (f)	['flʲauta]
trompete (m)	**trompeta** (f)	[trom'peta]

acordeão (m)	**acordeón** (m)	[akorðe'on]
tambor (m)	**tambor** (m)	[tam'bor]

duo, dueto (m)	**dúo** (m)	['duo]
trio (m)	**trío** (m)	['trio]
quarteto (m)	**cuarteto** (m)	[kuar'teto]

| coro (m) | coro (m) | ['koro] |
| orquestra (f) | orquesta (f) | [or'kesta] |

música (f) pop	música (f) pop	['musika pop]
música (f) rock	música (f) rock	['musika rok]
grupo (m) de rock	grupo (m) de rock	['grupo de rok]
jazz (m)	jazz (m)	[dʒ'as]

| ídolo (m) | ídolo (m) | ['iðolˈo] |
| fã, admirador (m) | admirador (m) | [aðmira'ðor] |

concerto (m)	concierto (m)	[kon'θjerto]
sinfonia (f)	sinfonía (f)	[siɱfo'nia]
composição (f)	composición (f)	[komposi'θjon]
compor (vt)	escribir (vt)	[eskri'βir]

canto (m)	canto (m)	['kanto]
canção (f)	canción (f)	[kan'θjon]
melodia (f)	melodía (f)	[melˈo'ðia]
ritmo (m)	ritmo (m)	['riðmo]
blues (m)	blues (m)	[blˈus]

notas (f pl)	notas (f pl)	['notas]
batuta (f)	batuta (f)	[ba'tuta]
arco (m)	arco (m)	['arko]
corda (f)	cuerda (f)	[ku'erða]
estojo (m)	estuche (m)	[es'tutʃe]

119

Descanso. Entretenimento. Viagens

130. Viagens

turismo (m)	turismo (m)	[tu'rismo]
turista (m)	turista (m)	[tu'rista]
viagem (f)	viaje (m)	['bjaχe]
aventura (f)	aventura (f)	[aβen'tura]
viagem (f)	viaje (m)	['bjaχe]
férias (f pl)	vacaciones (f pl)	[baka'θjones]
estar de férias	estar de vacaciones	[es'tar de baka'θjones]
descanso (m)	descanso (m)	[des'kanso]
comboio (m)	tren (m)	['tren]
de comboio (chegar ~)	en tren	[en 'tren]
avião (m)	avión (m)	[a'βjon]
de avião	en avión	[en a'βjon]
de carro	en coche	[en 'kotʃe]
de navio	en barco	[en 'barko]
bagagem (f)	equipaje (m)	[eki'paχe]
mala (f)	maleta (f)	[ma'leta]
carrinho (m)	carrito (m) de equipaje	[ka'rito de eki'paχe]
passaporte (m)	pasaporte (m)	[pasa'porte]
visto (m)	visado (m)	[bi'saðo]
bilhete (m)	billete (m)	[bi'jete]
bilhete (m) de avião	billete (m) de avión	[bi'jete de a'βjon]
guia (m) de viagem	guía (f)	['gia]
mapa (m)	mapa (m)	['mapa]
local (m), area (f)	área (f)	['area]
lugar, sítio (m)	lugar (m)	[lʲu'gar]
exotismo (m)	exotismo (m)	[ekso'tismo]
exótico	exótico (adj)	[e'ksotiko]
surpreendente	asombroso (adj)	[asom'broso]
grupo (m)	grupo (m)	['grupo]
excursão (f)	excursión (f)	[eskur'θjon]
guia (m)	guía (m)	['gia]

131. Hotel

hotel (m)	hotel (m)	[o'telʲ]
motel (m)	motel (m)	[mo'telʲ]
três estrelas	de tres estrellas	[de 'tres es'trejas]

cinco estrelas	de cinco estrellas	[de 'θiŋko es'trejas]
ficar (~ num hotel)	hospedarse (vr)	[ospe'ðarse]
quarto (m)	habitación (f)	[aβita'θjon]
quarto (m) individual	habitación (f) individual	[aβita'θjon indiβiðu'alʲ]
quarto (m) duplo	habitación (f) doble	[aβita'θjon 'doβle]
reservar um quarto	reservar una habitación	[reser'βar 'una aβita'θjon]
meia pensão (f)	media pensión (f)	['meðia pen'θjon]
pensão (f) completa	pensión (f) completa	[pen'θjon kom'pleta]
com banheira	con baño	[kon 'banjo]
com duche	con ducha	[kon 'duʧa]
televisão (m) satélite	televisión (f) satélite	[teleβi'θjon sa'telite]
ar (m) condicionado	climatizador (m)	[klimatiθa'ðor]
toalha (f)	toalla (f)	[to'aja]
chave (f)	llave (f)	['jaβe]
administrador (m)	administrador (m)	[aðministra'ðor]
camareira (f)	camarera (f)	[kama'rera]
bagageiro (m)	maletero (m)	[male'tero]
porteiro (m)	portero (m)	[por'tero]
restaurante (m)	restaurante (m)	[restau'rante]
bar (m)	bar (m)	[bar]
pequeno-almoço (m)	desayuno (m)	[desa'juno]
jantar (m)	cena (f)	['θena]
buffet (m)	buffet (m) libre	[bu'fet 'liβre]
hall (m) de entrada	vestíbulo (m)	[bes'tiβulʲo]
elevador (m)	ascensor (m)	[aθen'sor]
NÃO PERTURBE	NO MOLESTAR	[no moles'tar]
PROIBIDO FUMAR!	PROHIBIDO FUMAR	[proi'βiðo fu'mar]

132. Livros. Leitura

livro (m)	libro (m)	['liβro]
autor (m)	autor (m)	[au'tor]
escritor (m)	escritor (m)	[eskri'tor]
escrever (vt)	escribir (vt)	[eskri'βir]
leitor (m)	lector (m)	[lek'tor]
ler (vt)	leer (vi, vt)	[le'er]
leitura (f)	lectura (f)	[lek'tura]
para si	en silencio	[en si'lenθio]
em voz alta	en voz alta	[en 'boθ 'alʲta]
publicar (vt)	editar (vt)	[eði'tar]
publicação (f)	edición (f)	[eði'θjon]
editor (m)	editor (m)	[eði'tor]
editora (f)	editorial (f)	[eðito'rjalʲ]
sair (vi)	salir (vt)	[sa'lir]

lançamento (m)	salida (f)	[sa'liða]
tiragem (f)	tirada (f)	[ti'raða]
livraria (f)	librería (f)	[liβre'ria]
biblioteca (f)	biblioteca (f)	[biβlio'teka]
novela (f)	cuento (m)	[ku'ento]
conto (m)	relato (m) corto	[re'lʲato 'korto]
romance (m)	novela (f)	[no'βelʲa]
romance (m) policial	novela (f) policíaca	[no'βelʲa poli'θiaka]
memórias (f pl)	memorias (f pl)	[me'morias]
lenda (f)	leyenda (f)	[le'jenda]
mito (m)	mito (m)	['mito]
poesia (f)	versos (m pl)	['bersos]
autobiografia (f)	autobiografía (f)	[autoβioɣra'fia]
obras (f pl) escolhidas	obras (f pl) escogidas	['oβras esko'χiðas]
ficção (f) científica	ciencia ficción (f)	['θjenθia fik'θjon]
título (m)	título (m)	['titulʲo]
introdução (f)	introducción (f)	[introðuk'θjon]
folha (f) de rosto	portada (f)	[por'taða]
capítulo (m)	capítulo (m)	[ka'pitulʲo]
excerto (m)	extracto (m)	[eks'trakto]
episódio (m)	episodio (m)	[epi'soðio]
tema (m)	sujeto (m)	[su'χeto]
conteúdo (m)	contenido (m)	[konte'niðo]
índice (m)	tabla (f) de contenidos	['taβlʲa de konte'niðos]
protagonista (m)	héroe (m) principal	['eroe prinθi'palʲ]
tomo, volume (m)	tomo (m)	['tomo]
capa (f)	cubierta (f)	[ku'βjerta]
encadernação (f)	encuadernado (m)	[eŋkuaðer'naðo]
marcador (m) de livro	marcador (m) de libro	[marka'ðor de 'liβro]
página (f)	página (f)	['paχina]
folhear (vt)	hojear (vt)	[oχe'ar]
margem (f)	márgenes (m pl)	['marχenes]
anotação (f)	anotación (f)	[anota'θjon]
nota (f) de rodapé	nota (f) al pie	['nota alʲ pje]
texto (m)	texto (m)	['teksto]
fonte (f)	fuente (f)	[fu'ente]
gralha (f)	errata (f)	[e'rata]
tradução (f)	traducción (f)	[traðuk'θjon]
traduzir (vt)	traducir (vt)	[traðu'θir]
original (m)	original (m)	[oriχi'nalʲ]
famoso	famoso (adj)	[fa'moso]
desconhecido	desconocido (adj)	[deskono'θiðo]
interessante	interesante (adj)	[intere'sante]
best-seller (m)	best-seller (m)	[best'seller]

dicionário (m)	diccionario (m)	[dikθjo'nario]
manual (m) escolar	manual (m)	[manu'alʲ]
enciclopédia (f)	enciclopedia (f)	[enθiklʲo'peðia]

133. Caça. Pesca

caça (f)	caza (f)	['kaθa]
caçar (vi)	cazar (vi, vt)	[ka'θar]
caçador (m)	cazador (m)	[kaθa'ðor]
atirar (vi)	tirar (vi)	[ti'rar]
caçadeira (f)	fusil (m)	[fu'silʲ]
cartucho (m)	cartucho (m)	[kar'tuʧo]
chumbo (m) de caça	perdigón (m)	[perði'ɣon]
armadilha (f)	cepo (m)	['θepo]
armadilha (com corda)	trampa (f)	['trampa]
cair na armadilha	caer en el cepo	[ka'er en elʲ 'θepo]
pôr a armadilha	poner un cepo	[po'ner un 'θepo]
caçador (m) furtivo	cazador (m) furtivo	[kaθa'ðor fur'tiβo]
caça (f)	caza (f) menor	['kaθa me'nor]
cão (m) de caça	perro (m) de caza	['pero de 'kaθa]
safári (m)	safari (m)	[sa'fari]
animal (m) empalhado	animal (m) disecado	[ani'malʲ dise'kaðo]
pescador (m)	pescador (m)	[peska'ðor]
pesca (f)	pesca (f)	['peska]
pescar (vt)	pescar (vi)	[pes'kar]
cana (f) de pesca	caña (f) de pescar	['kanja de pes'kar]
linha (f) de pesca	sedal (m)	[se'ðalʲ]
anzol (m)	anzuelo (m)	[anθu'elʲo]
boia (f)	flotador (m)	[flʲota'ðor]
isca (f)	cebo (m)	['θeβo]
lançar a linha	lanzar el anzuelo	[lʲan'θar elʲ anθu'elʲo]
morder (vt)	picar (vt)	[pi'kar]
pesca (f)	pesca (f)	['peska]
buraco (m) no gelo	agujero (m) en el hielo	[agu'xero en elʲ 'jelʲo]
rede (f)	red (f)	[reð]
barco (m)	barca (f)	['barka]
pescar com rede	pescar con la red	[pes'kar kon lʲa 'reð]
lançar a rede	tirar la red	[ti'rar lʲa 'reð]
puxar a rede	sacar la red	[sa'kar lʲa 'reð]
cair nas malhas	caer en la red	[ka'er en lʲa 'reð]
baleeiro (m)	ballenero (m)	[baje'nero]
baleeira (f)	ballenero (m)	[baje'nero]
arpão (m)	arpón (m)	[ar'pon]

134. Jogos. Bilhar

bilhar (m)	billar (m)	[bi'jar]
sala (f) de bilhar	sala (f) de billar	['salʲa de bi'jar]
bola (f) de bilhar	bola (f) de billar	['bolʲa de bi'jar]
embolsar uma bola	entronerar la bola	[entrone'rar lʲa 'bolʲa]
taco (m)	taco (m)	['tako]
caçapa (f)	tronera (f)	[tro'nera]

135. Jogos. Jogar cartas

carta (f) de jogar	carta (f)	['karta]
cartas (f pl)	cartas (f pl)	['kartas]
baralho (m)	baraja (f)	[ba'raχa]
trunfo (m)	triunfo (m)	[tri'uɱfo]
ouros (m pl)	cuadrados (m pl)	[kua'ðraðos]
espadas (f pl)	picas (f pl)	['pikas]
copas (f pl)	corazones (m pl)	[kora'θones]
paus (m pl)	tréboles (m pl)	['treβoles]
ás (m)	as (m)	[as]
rei (m)	rey (m)	[rej]
dama (f)	dama (f)	['dama]
valete (m)	sota (f)	['sota]
dar, distribuir (vt)	dar, distribuir (vt)	[dar], [distriβu'ir]
embaralhar (vt)	barajar (vt)	[bara'χar]
vez, jogada (f)	jugada (f)	[χu'gaða]
ponto (m)	punto (m)	['punto]
batoteiro (m)	fullero (m)	[fu'jero]

136. Descanso. Jogos. Diversos

passear (vi)	pasear (vi)	[pase'ar]
passeio (m)	paseo (m)	[pa'seo]
viagem (f) de carro	paseo (m)	[pa'seo]
aventura (f)	aventura (f)	[aβen'tura]
piquenique (m)	picnic (m)	['piknik]
jogo (m)	juego (m)	[χu'ego]
jogador (m)	jugador (m)	[χuga'ðor]
partida (f)	partido (m)	[par'tiðo]
colecionador (m)	coleccionista (m)	[kolekθjo'nista]
colecionar (vt)	coleccionar (vt)	[kolekθjo'nar]
coleção (f)	colección (f)	[kolek'θjon]
palavras (f pl) cruzadas	crucigrama (m)	[kruθi'ɣrama]
hipódromo (m)	hipódromo (m)	[i'poðromo]

discoteca (f)	discoteca (f)	[disko'teka]
sauna (f)	sauna (f)	['sauna]
lotaria (f)	lotería (f)	[lʲote'ria]

campismo (m)	marcha (f)	['marʧa]
acampamento (m)	campo (m)	['kampo]
campista (m)	campista (m)	[kam'pista]
tenda (f)	tienda (f) de campaña	['tjenda de kam'panja]
bússola (f)	brújula (f)	['bruχulʲa]

ver (vt), assistir à ...	ver (vt)	[ber]
telespectador (m)	telespectador (m)	[tele·spekta'ðor]
programa (m) de TV	programa (m) de televisión	[pro'ɣrama de teleβi'sjon]

137. Fotografia

máquina (f) fotográfica	cámara (f) fotográfica	['kamara foto'ɣrafika]
foto, fotografia (f)	foto (f)	['foto]

fotógrafo (m)	fotógrafo (m)	[fo'toɣrafo]
estúdio (m) fotográfico	estudio (m) fotográfico	[es'tuðjo foto'ɣrafiko]
álbum (m) de fotografias	álbum (m) de fotos	['alʲβum de 'fotos]

objetiva (f)	objetivo (m)	[oβχe'tiβo]
teleobjetiva (f)	teleobjetivo (m)	[tele·oβχe'tiβo]
filtro (m)	filtro (m)	['filʲtro]
lente (f)	lente (m)	['lente]

ótica (f)	óptica (f)	['optika]
abertura (f)	diafragma (m)	[dia'fraɣma]
exposição (f)	tiempo (m) de exposición	['tjempo de eksposi'θjon]
visor (m)	visor (m)	[bi'sor]

câmara (f) digital	cámara (f) digital	['kamara diχi'talʲ]
tripé (m)	trípode (m)	['tripoðe]
flash (m)	flash (m)	[flʲaʃ]

fotografar (vt)	fotografiar (vt)	[fotoɣra'fjar]
tirar fotos	hacer fotos	[a'θer 'fotos]
fotografar-se	fotografiarse (vr)	[fotoɣra'fjarse]

foco (m)	foco (m)	['foko]
focar (vt)	enfocar (vt)	[eɱfo'kar]
nítido	nítido (adj)	['nitiðo]
nitidez (f)	nitidez (f)	[niti'ðeθ]

contraste (m)	contraste (m)	[kon'traste]
contrastante	de alto contraste (adj)	[de 'alʲto kon'traste]

retrato (m)	foto (f)	['foto]
negativo (m)	negativo (m)	[nega'tiβo]
filme (m)	película (f) fotográfica	[pe'likulʲa foto'ɣrafika]
fotograma (m)	fotograma (m)	[foto'ɣrama]
imprimir (vt)	imprimir (vt)	[impri'mir]

138. Praia. Natação

praia (f)	playa (f)	['pl⁾aja]
areia (f)	arena (f)	[a'rena]
deserto	desierto (adj)	[de'sjerto]
bronzeado (m)	bronceado (m)	[bronθe'aðo]
bronzear-se (vr)	broncearse (vr)	[bronθe'arse]
bronzeado	bronceado (adj)	[bronθe'aðo]
protetor (m) solar	protector (m) solar	[protek'tor so'l⁾ar]
biquíni (m)	bikini (m)	[bi'kini]
fato (m) de banho	traje (m) de baño	['traχe de 'banjo]
calção (m) de banho	bañador (m)	[banja'ðor]
piscina (f)	piscina (f)	[pi'θina]
nadar (vi)	nadar (vi)	[na'ðar]
duche (m)	ducha (f)	['duʧa]
mudar de roupa	cambiarse (vr)	[kam'bjarse]
toalha (f)	toalla (f)	[to'aja]
barco (m)	barca (f)	['barka]
lancha (f)	lancha (f) motora	['l⁾anʧa mo'tora]
esqui (m) aquático	esquís (m pl) acuáticos	[es'kis aku'atikos]
barco (m) de pedais	bicicleta (f) acuática	[biθik'leta aku'atika]
surf (m)	surf (m)	[surf]
surfista (m)	surfista (m)	[sur'fista]
equipamento (m) de mergulho	equipo (m) de buceo	[e'kipo de bu'θeo]
barbatanas (f pl)	aletas (f pl)	[a'letas]
máscara (f)	máscara (f) de buceo	['maskara de bu'θeo]
mergulhador (m)	buceador (m)	[buθea'ðor]
mergulhar (vi)	bucear (vi)	[buθe'ar]
debaixo d'água	bajo el agua	['baχo el⁾ 'agua]
guarda-sol (m)	sombrilla (f)	[som'brija]
espreguiçadeira (f)	tumbona (f)	[tum'bona]
óculos (m pl) de sol	gafas (f pl) de sol	['gafas de 'sol⁾]
colchão (m) de ar	colchoneta (f) inflable	[kol⁾ʧo'neta iɱ'fl⁾aβle]
brincar (vi)	jugar (vi)	[χu'gar]
ir nadar	bañarse (vr)	[ba'njarse]
bola (f) de praia	pelota (f) de playa	[pe'l⁾ota de 'pl⁾aja]
encher (vt)	inflar (vt)	[iɱ'fl⁾ar]
inflável, de ar	inflable (adj)	[iɱ'fl⁾aβle]
onda (f)	ola (f)	['ol⁾a]
boia (f)	boya (f)	['boja]
afogar-se (pessoa)	ahogarse (vr)	[ao'garse]
salvar (vt)	salvar (vt)	[sal⁾'βar]
colete (m) salva-vidas	chaleco (m) salvavidas	[ʧa'leko sal⁾βa'βiðas]
observar (vt)	observar (vt)	[oβser'βar]
nadador-salvador (m)	socorrista (m)	[soko'rista]

EQUIPAMENTO TÉCNICO. TRANSPORTES

Equipamento técnico

139. Computador

computador (m)	ordenador (m)	[orðena'ðor]
portátil (m)	ordenador (m) portátil	[orðena'ðor por'tatiǀ]
ligar (vt)	encender (vt)	[enθen'der]
desligar (vt)	apagar (vt)	[apa'gar]
teclado (m)	teclado (m)	[te'kǀaðo]
tecla (f)	tecla (f)	['tekǀa]
rato (m)	ratón (m)	[ra'ton]
tapete (m) de rato	alfombrilla (f) para ratón	[alǀfom'brija 'para ra'ton]
botão (m)	botón (m)	[bo'ton]
cursor (m)	cursor (m)	[kur'sor]
monitor (m)	monitor (m)	[moni'tor]
ecrã (m)	pantalla (f)	[pan'taja]
disco (m) rígido	disco (m) duro	['disko 'duro]
capacidade (f) do disco rígido	volumen (m) de disco duro	[bo'ǀumen de 'disko 'duro]
memória (f)	memoria (f)	[me'moria]
memória RAM (f)	memoria (f) operativa	[me'morja opera'tiβa]
ficheiro (m)	archivo, fichero (m)	[ar'tʃiβo], [fi'tʃero]
pasta (f)	carpeta (f)	[kar'peta]
abrir (vt)	abrir (vt)	[a'βrir]
fechar (vt)	cerrar (vt)	[θe'rar]
guardar (vt)	guardar (vt)	[guar'ðar]
apagar, eliminar (vt)	borrar (vt)	[bo'rar]
copiar (vt)	copiar (vt)	[ko'pjar]
ordenar (vt)	ordenar (vt)	[orðe'nar]
copiar (vt)	transferir (vt)	[transfe'rir]
programa (m)	programa (m)	[pro'ɣrama]
software (m)	software (m)	['sofwer]
programador (m)	programador (m)	[proɣrama'ðor]
programar (vt)	programar (vt)	[proɣra'mar]
hacker (m)	hacker (m)	['aker]
senha (f)	contraseña (f)	[kontra'senja]
vírus (m)	virus (m)	['birus]
detetar (vt)	detectar (vt)	[detek'tar]
byte (m)	octeto, byte (m)	[ok'teto], ['βajt]

megabyte (m)	megabyte (m)	[mega'βajt]
dados (m pl)	datos (m pl)	['datos]
base (f) de dados	base (f) de datos	['base de 'datos]

cabo (m)	cable (m)	['kaβle]
desconectar (vt)	desconectar (vt)	[deskonek'tar]
conetar (vt)	conectar (vt)	[konek'tar]

140. Internet. E-mail

internet (f)	internet (m), red (f)	[inter'net], [reð]
browser (m)	navegador (m)	[naβega'ðor]
motor (m) de busca	buscador (m)	[buska'ðor]
provedor (m)	proveedor (m)	[proβee'ðor]

webmaster (m)	webmaster (m)	[weβ'master]
website, sítio web (m)	sitio (m) web	['sitio weβ]
página (f) web	página (f) web	['paχina weβ]

endereço (m)	dirección (f)	[direk'θjon]
livro (m) de endereços	libro (m) de direcciones	['liβro de direk'θjones]

caixa (f) de correio	buzón (m)	[bu'θon]
correio (m)	correo (m)	[ko'reo]
cheia (caixa de correio)	lleno (adj)	['jeno]

mensagem (f)	mensaje (m)	[men'saχe]
mensagens (f pl) recebidas	correo (m) entrante	[ko'reo en'trante]
mensagens (f pl) enviadas	correo (m) saliente	[ko'reo sa'ljente]

remetente (m)	expedidor (m)	[ekspeði'ðor]
enviar (vt)	enviar (vt)	[em'bjar]
envio (m)	envío (m)	[em'bio]

destinatário (m)	destinatario (m)	[destina'tario]
receber (vt)	recibir (vt)	[reθi'βir]

correspondência (f)	correspondencia (f)	[korespon'denθia]
corresponder-se (vr)	escribirse con ...	[eskri'βirse kon]

ficheiro (m)	archivo, fichero (m)	[ar'ʧiβo], [fi'ʧero]
fazer download, baixar	descargar (vt)	[deskar'gar]
criar (vt)	crear (vt)	[kre'ar]
apagar, eliminar (vt)	borrar (vt)	[bo'rar]
eliminado	borrado (adj)	[bo'raðo]

conexão (f)	conexión (f)	[konek'θjon]
velocidade (f)	velocidad (f)	[beloθi'ðað]
modem (m)	módem (m)	['moðem]
acesso (m)	acceso (m)	[ak'θeso]
porta (f)	puerto (m)	[pu'erto]

conexão (f)	conexión (f)	[konek'θjon]
conetar (vi)	conectarse a ...	[konek'tarse a]

| escolher (vt) | seleccionar (vt) | [selekθjo'nar] |
| buscar (vt) | buscar (vt) | [bus'kar] |

Transportes

avião (m)	avión (m)	[a'βjon]
bilhete (m) de avião	billete (m) de avión	[bi'jete de a'βjon]
companhia (f) aérea	compañía (f) aérea	[kompa'njia a'erea]
aeroporto (m)	aeropuerto (m)	[aeropu'erto]
supersónico	supersónico (adj)	[super'soniko]
comandante (m) do avião	comandante (m)	[koman'dante]
tripulação (f)	tripulación (f)	[tripulʲa'θjon]
piloto (m)	piloto (m)	[pi'lʲoto]
hospedeira (f) de bordo	azafata (f)	[aθa'fata]
copiloto (m)	navegador (m)	[naβega'ðor]
asas (f pl)	alas (f pl)	['alʲas]
cauda (f)	cola (f)	['kolʲa]
cabine (f) de pilotagem	cabina (f)	[ka'βina]
motor (m)	motor (m)	[mo'tor]
trem (m) de aterragem	tren (m) de aterrizaje	['tren de ateri'θaχe]
turbina (f)	turbina (f)	[tur'βina]
hélice (f)	hélice (f)	['eliθe]
caixa-preta (f)	caja (f) negra	['kaχa 'neɣra]
coluna (f) de controlo	timón (m)	[ti'mon]
combustível (m)	combustible (m)	[kombus'tiβle]
instruções (f pl) de segurança	instructivo (m) de seguridad	[instruk'tiβo de seguri'ðað]
máscara (f) de oxigénio	respirador (m) de oxígeno	[respira'ðor de o'ksiχeno]
uniforme (m)	uniforme (m)	[uni'forme]
colete (m) salva-vidas	chaleco (m) salvavidas	[ʧa'leko salʲβa'βiðas]
paraquedas (m)	paracaídas (m)	[paraka'iðas]
descolagem (f)	despegue (m)	[des'pege]
descolar (vi)	despegar (vi)	[despe'gar]
pista (f) de descolagem	pista (f) de despegue	['pista de des'pege]
visibilidade (f)	visibilidad (f)	[bisiβili'ðað]
voo (m)	vuelo (m)	[bu'elʲo]
altura (f)	altura (f)	[alʲ'tura]
poço (m) de ar	pozo (m) de aire	['poθo de 'aire]
assento (m)	asiento (m)	[a'sjento]
auscultadores (m pl)	auriculares (m pl)	[auriku'lʲares]
mesa (f) rebatível	mesita (f) plegable	[me'sita ple'gaβle]
vigia (f)	ventana (f)	[ben'tana]
passagem (f)	pasillo (m)	[pa'sijo]

142. Comboio

comboio (m)	tren (m)	['tren]
comboio (m) suburbano	tren (m) de cercanías	['tren de θerka'nias]
comboio (m) rápido	tren (m) rápido	['tren 'rapiðo]
locomotiva (f) diesel	locomotora (f) diésel	[lʲokomo'tora 'djeselʲ]
locomotiva (f) a vapor	tren (m) de vapor	['tren de ba'por]
carruagem (f)	coche (m)	['kotʃe]
carruagem restaurante (f)	coche restaurante (m)	['kotʃe restau'rante]
carris (m pl)	rieles (m pl)	['rjeles]
caminho de ferro (m)	ferrocarril (m)	[feroka'rilʲ]
travessa (f)	traviesa (f)	[tra'βjesa]
plataforma (f)	plataforma (f)	[plʲata'forma]
linha (f)	vía (f)	['bia]
semáforo (m)	semáforo (m)	[se'maforo]
estação (f)	estación (f)	[esta'θjon]
maquinista (m)	maquinista (m)	[maki'nista]
bagageiro (m)	maletero (m)	[male'tero]
hospedeiro, -a (da carruagem)	mozo (m) del vagón	['moθo delʲ ba'ɣon]
passageiro (m)	pasajero (m)	[pasa'xero]
revisor (m)	revisor (m)	[reβi'sor]
corredor (m)	corredor (m)	[kore'ðor]
freio (m) de emergência	freno (m) de urgencia	['freno de ur'xenθia]
compartimento (m)	compartimiento (m)	[komparti'mjento]
cama (f)	litera (f)	[li'tera]
cama (f) de cima	litera (f) de arriba	[li'tera de a'riβa]
cama (f) de baixo	litera (f) de abajo	[li'tera de a'βaxo]
roupa (f) de cama	ropa (f) de cama	['ropa de 'kama]
bilhete (m)	billete (m)	[bi'jete]
horário (m)	horario (m)	[o'rario]
painel (m) de informação	pantalla (f) de información	[pan'taja de imforma'θjon]
partir (vt)	partir (vi)	[par'tir]
partida (f)	partida (f)	[par'tiða]
chegar (vi)	llegar (vi)	[je'gar]
chegada (f)	llegada (f)	[je'gaða]
chegar de comboio	llegar en tren	[je'gar en 'tren]
apanhar o comboio	tomar el tren	[to'mar elʲ 'tren]
sair do comboio	bajar del tren	[ba'xar delʲ 'tren]
acidente (m) ferroviário	descarrilamiento (m)	[deskarilʲa'mjento]
descarrilar (vi)	descarrilarse (vr)	[deskari'lʲarse]
locomotiva (f) a vapor	tren (m) de vapor	['tren de ba'por]
fogueiro (m)	fogonero (m)	[fogo'nero]
fornalha (f)	hogar (m)	[o'gar]
carvão (m)	carbón (m)	[kar'βon]

143. Barco

navio (m)	barco, buque (m)	['barko], ['buke]
embarcação (f)	navío (m)	[na'βio]
vapor (m)	buque (m) de vapor	['buke de ba'por]
navio (m)	motonave (f)	[moto'naβe]
transatlântico (m)	trasatlántico (m)	[trasat'lʲantiko]
cruzador (m)	crucero (m)	[kru'θero]
iate (m)	yate (m)	['jate]
rebocador (m)	remolcador (m)	[remolʲka'ðor]
barcaça (f)	barcaza (f)	[bar'kaθa]
ferry (m)	ferry (m)	['feri]
veleiro (m)	velero (m)	[be'lero]
bergantim (m)	bergantín (m)	[bergan'tin]
quebra-gelo (m)	rompehielos (m)	[rompe·'jelʲos]
submarino (m)	submarino (m)	[suβma'rino]
bote, barco (m)	bote (m)	['bote]
bote, dingue (m)	bote (m)	['bote]
bote (m) salva-vidas	bote (m) salvavidas	['bote salʲβa'βiðas]
lancha (f)	lancha (f) motora	['lʲantʃa mo'tora]
capitão (m)	capitán (m)	[kapi'tan]
marinheiro (m)	marinero (m)	[mari'nero]
marujo (m)	marino (m)	[ma'rino]
tripulação (f)	tripulación (f)	[tripulʲa'θjon]
contramestre (m)	contramaestre (m)	[kontrama'estre]
grumete (m)	grumete (m)	[gru'mete]
cozinheiro (m) de bordo	cocinero (m) de abordo	[koθi'nero de a'βorðo]
médico (m) de bordo	médico (m) del buque	['meðiko delʲ 'buke]
convés (m)	cubierta (f)	[ku'βjerta]
mastro (m)	mástil (m)	['mastilʲ]
vela (f)	vela (f)	['belʲa]
porão (m)	bodega (f)	[bo'ðega]
proa (f)	proa (f)	['proa]
popa (f)	popa (f)	['popa]
remo (m)	remo (m)	['remo]
hélice (f)	hélice (f)	['eliθe]
camarote (m)	camarote (m)	[kama'rote]
sala (f) dos oficiais	sala (f) de oficiales	['salʲa de ofi'θjales]
sala (f) das máquinas	sala (f) de máquinas	['salʲa de 'makinas]
ponte (m) de comando	puente (m) de mando	[pu'ente de 'mando]
sala (f) de comunicações	sala (f) de radio	['salʲa de 'raðio]
onda (f) de rádio	onda (f)	['onda]
diário (m) de bordo	cuaderno (m) de bitácora	[kua'ðerno de bi'takora]
luneta (f)	anteojo (m)	[ante'oχo]
sino (m)	campana (f)	[kam'pana]

bandeira (f)	bandera (f)	[ban'dera]
cabo (m)	cabo (m)	['kaβo]
nó (m)	nudo (m)	['nuðo]

| corrimão (m) | pasamano (m) | [pasa'mano] |
| prancha (f) de embarque | pasarela (f) | [pasa'relʲa] |

âncora (f)	ancla (f)	['aŋklʲa]
recolher a âncora	levar ancla	[le'βar 'aŋklʲa]
lançar a âncora	echar ancla	[e'tʃar 'aŋklʲa]
amarra (f)	cadena (f) del ancla	[ka'ðena delʲ 'aŋklʲa]

porto (m)	puerto (m)	[pu'erto]
cais, amarradouro (m)	embarcadero (m)	[embarka'ðero]
atracar (vi)	amarrar (vt)	[ama'rar]
desatracar (vi)	desamarrar (vt)	[desama'rar]

viagem (f)	viaje (m)	['bjaχe]
cruzeiro (m)	crucero (m)	[kru'θero]
rumo (m), rota (f)	derrota (f)	[de'rota]
itinerário (m)	itinerario (m)	[itine'rario]

canal (m) navegável	canal (m) navegable	[ka'nalʲ naβe'gaβle]
banco (m) de areia	bajío (m)	[ba'χio]
encalhar (vt)	encallar (vi)	[eŋka'jar]

tempestade (f)	tempestad (f)	[tempes'tað]
sinal (m)	señal (f)	[se'njalʲ]
afundar-se (vr)	hundirse (vr)	[un'dirse]
Homem ao mar!	¡Hombre al agua!	['ombre alʲ 'agua]
SOS	SOS	['ese o 'ese]
boia (f) salva-vidas	aro (m) salvavidas	['aro salʲβa'βiðas]

144. Aeroporto

aeroporto (m)	aeropuerto (m)	[aeropu'erto]
avião (m)	avión (m)	[a'βjon]
companhia (f) aérea	compañía (f) aérea	[kompa'njia a'erea]
controlador (m) de tráfego aéreo	controlador (m) aéreo	[kontrolʲa'ðor a'ereo]

partida (f)	despegue (m)	[des'pege]
chegada (f)	llegada (f)	[je'gaða]
chegar (~ de avião)	llegar (vi)	[je'gar]

| hora (f) de partida | hora (f) de salida | ['ora de sa'liða] |
| hora (f) de chegada | hora (f) de llegada | ['ora de je'gaða] |

| estar atrasado | retrasarse (vr) | [retra'sarse] |
| atraso (m) de voo | retraso (m) de vuelo | [re'traso de bu'elʲo] |

painel (m) de informação	pantalla (f) de información	[pan'taja de iɱforma'θjon]
informação (f)	información (f)	[iɱforma'θjon]
anunciar (vt)	anunciar (vt)	[anun'θjar]

133

voo (m)	vuelo (m)	[bu'elʲo]
alfândega (f)	aduana (f)	[aðu'ana]
funcionário (m) da alfândega	aduanero (m)	[aðua'nero]
declaração (f) alfandegária	declaración (f) de aduana	[deklʲara'θjon de aðu'ana]
preencher (vt)	rellenar (vt)	[reje'nar]
preencher a declaração	rellenar la declaración	[reje'nar lʲa deklʲara'θjon]
controlo (m) de passaportes	control (m) de pasaportes	[kon'trolʲ de pasa'portes]
bagagem (f)	equipaje (m)	[eki'paχe]
bagagem (f) de mão	equipaje (m) de mano	[eki'paχe de 'mano]
carrinho (m)	carrito (m) de equipaje	[ka'rito de eki'paχe]
aterragem (f)	aterrizaje (m)	[ateri'θaχe]
pista (f) de aterragem	pista (f) de aterrizaje	['pista de ateri'θaχe]
aterrar (vi)	aterrizar (vi)	[ateri'θar]
escada (f) de avião	escaleras (f pl)	[eska'leras]
check-in (m)	facturación (f), check-in (m)	[faktura'θjon], [tʃek·'in]
balcão (m) do check-in	mostrador (m) de facturación	[mostra'ðor de faktura'θjon]
fazer o check-in	hacer el check-in	[a'θer elʲ tʃek·'in]
cartão (m) de embarque	tarjeta (f) de embarque	[tar'χeta de em'barke]
porta (f) de embarque	puerta (f) de embarque	[pu'erta de em'barke]
trânsito (m)	tránsito (m)	['transito]
esperar (vi, vt)	esperar (vt)	[espe'rar]
sala (f) de espera	zona (f) de preembarque	['θona de preem'barke]
despedir-se de …	despedir (vt)	[despe'ðir]
despedir-se (vr)	despedirse (vr)	[despe'ðirse]

145. Bicicleta. Motocicleta

bicicleta (f)	bicicleta (f)	[biθik'leta]
scotter, lambreta (f)	scooter (m)	['skuter]
mota (f)	motocicleta (f)	[motoθi'kleta]
ir de bicicleta	ir en bicicleta	[ir en biθi'kleta]
guiador (m)	manillar (m)	[mani'jar]
pedal (m)	pedal (m)	[pe'ðalʲ]
travões (m pl)	frenos (m pl)	['frenos]
selim (m)	sillín (m)	[si'jin]
bomba (f) de ar	bomba (f)	['bomba]
porta-bagagens (m)	portaequipajes (m)	[porta·eki'paχes]
lanterna (f)	faro (m)	['faro]
capacete (m)	casco (m)	['kasko]
roda (f)	rueda (f)	[ru'eða]
guarda-lamas (m)	guardabarros (m)	[guarða·'baros]
aro (m)	llanta (f)	['janta]
raio (m)	rayo (m)	['rajo]

Carros

carro, automóvel (m)	coche (m)	['kotʃe]
carro (m) desportivo	coche (m) deportivo	['kotʃe depor'tiβo]
limusine (f)	limusina (f)	[limu'sina]
todo o terreno (m)	todoterreno (m)	['toðo·te'reno]
descapotável (m)	cabriolé (m)	[kaβrio'le]
minibus (m)	microbús (m)	[mikro'βus]
ambulância (f)	ambulancia (f)	[ambu'lʲanθia]
limpa-neve (m)	quitanieves (m)	[kita'njeβes]
camião (m)	camión (m)	[ka'mjon]
camião-cisterna (m)	camión (m) cisterna	[ka'mjon θis'terna]
carrinha (f)	camioneta (f)	[kamjo'neta]
camião-trator (m)	cabeza (f) tractora	[ka'βeθa trak'tora]
atrelado (m)	remolque (m)	[re'molʲke]
confortável	confortable (adj)	[koɱfor'taβle]
usado	de ocasión (adj)	[de oka'θjon]

capô (m)	capó (m)	[ka'po]
guarda-lamas (m)	guardabarros (m)	[guarða·'baros]
tejadilho (m)	techo (m)	['tetʃo]
para-brisa (m)	parabrisas (m)	[para'βrisas]
espelho (m) retrovisor	espejo (m) retrovisor	[es'peχo retroβi'sor]
lavador (m)	limpiador (m)	[limpja'ðor]
limpa-para-brisas (m)	limpiaparabrisas (m)	[limpja·para'βrisas]
vidro (m) lateral	ventana (f) lateral	[ben'tana lʲate'ralʲ]
elevador (m) do vidro	elevalunas (m)	[eleβa·'lʲunas]
antena (f)	antena (f)	[an'tena]
teto solar (m)	techo (m) solar	['tetʃo so'lʲar]
para-choques (m pl)	parachoques (m)	[para'tʃokes]
bagageira (f)	maletero (m)	[male'tero]
bagageira (f) de tejadilho	baca (f)	['baka]
porta (f)	puerta (f)	[pu'erta]
maçaneta (f)	tirador (m) de puerta	[tira'ðor de pu'erta]
fechadura (f)	cerradura (f)	[θera'ðura]
matrícula (f)	matrícula (f)	[ma'trikulʲa]
silenciador (m)	silenciador (m)	[silenθja'ðor]

tanque (m) de gasolina	**tanque (m) de gasolina**	['taŋke de gaso'lina]
tubo (m) de escape	**tubo (m) de escape**	['tuβo de es'kape]

acelerador (m)	**acelerador (m)**	[aθelera'ðor]
pedal (m)	**pedal (m)**	[pe'ðalʲ]
pedal (m) do acelerador	**pedal (m) de acelerador**	[pe'ðalʲ de aθelera'ðor]

travão (m)	**freno (m)**	['freno]
pedal (m) do travão	**pedal (m) de freno**	[pe'ðalʲ de 'freno]
travar (vt)	**frenar (vi)**	[fre'nar]
travão (m) de mão	**freno (m) de mano**	['freno de 'mano]

embraiagem (f)	**embrague (m)**	[em'brage]
pedal (m) da embraiagem	**pedal (m) de embrague**	[pe'ðalʲ de em'brage]
disco (m) de embraiagem	**disco (m) de embrague**	['disko de em'brage]
amortecedor (m)	**amortiguador (m)**	[amortigua'ðor]

roda (f)	**rueda (f)**	[ru'eða]
pneu (m) sobresselente	**rueda (f) de repuesto**	[ru'eða de repu'esto]
pneu (m)	**neumático (m)**	[neu'matiko]
tampão (m) de roda	**tapacubo (m)**	[tapa'kuβo]

rodas (f pl) motrizes	**ruedas (f pl) motrices**	[ru'eðas mo'triθes]
de tração dianteira	**de tracción delantera**	[de trak'θjon delʲan'tera]
de tração traseira	**de tracción trasera**	[de trak'θjon tra'sera]
de tração às 4 rodas	**de tracción integral**	[de trak'θjon inte'ɣralʲ]

caixa (f) de mudanças	**caja (f) de cambios**	['kaχa de 'kambjos]
automático	**automático (adj)**	[auto'matiko]
mecânico	**mecánico (adj)**	[me'kaniko]
alavanca (f) das mudanças	**palanca (f) de cambios**	[pa'lʲaŋka de 'kambjos]

farol (m)	**faro (m)**	['faro]
faróis, luzes	**faros (m pl)**	['faros]

médios (m pl)	**luz (f) de cruce**	[lʲuθ de 'kruθe]
máximos (m pl)	**luz (f) de carretera**	[lʲuθ de kare'tera]
luzes (f pl) de stop	**luz (f) de freno**	[lʲuθ de 'freno]

mínimos (m pl)	**luz (f) de posición**	[lʲuθ de posi'θjon]
luzes (f pl) de emergência	**luces (f pl) de emergencia**	['lʲuθes de emer'χenθia]
faróis (m pl) antinevoeiro	**luces (f pl) antiniebla**	['lʲuθes anti'njeβlʲa]
pisca-pisca (m)	**intermitente (m)**	[intermi'nente]
luz (f) de marcha atrás	**luz (f) de marcha atrás**	[lʲuθ de 'martʃa a'tras]

148. Carros. Habitáculo

interior (m) do carro	**habitáculo (m)**	[aβi'takulʲo]
de couro, de pele	**de cuero (adj)**	[de ku'ero]
de veludo	**de felpa (adj)**	[de 'felʲpa]
estofos (m pl)	**tapizado (m)**	[tapi'θaðo]

indicador (m)	**instrumento (m)**	[instru'mento]
painel (m) de instrumentos	**salpicadero (m)**	[salʲpika'ðero]

velocímetro (m)	velocímetro (m)	[beʎo'θimetro]
ponteiro (m)	aguja (f)	[a'guxa]
conta-quilómetros (m)	cuentakilómetros (m)	[ku'enta·ki'ʎometros]
sensor (m)	indicador (m)	[indika'ðor]
nível (m)	nivel (m)	[ni'βeʎ]
luz (f) avisadora	testigo (m)	[tes'tigo]
volante (m)	volante (m)	[bo'ʎante]
buzina (f)	bocina (f)	[bo'θina]
botão (m)	botón (m)	[bo'ton]
interruptor (m)	interruptor (m)	[interup'tor]
assento (m)	asiento (m)	[a'sjento]
costas (f pl) do assento	respaldo (m)	[res'paʎdo]
cabeceira (f)	reposacabezas (m)	[reposa·ka'βeθas]
cinto (m) de segurança	cinturón (m) de seguridad	[θintu'ron de seguri'ðað]
apertar o cinto	abrocharse el cinturón	[aβro'tʃarse eʎ θintu'ron]
regulação (f)	reglaje (m)	[re'ɣʎaxe]
airbag (m)	bolsa (f) de aire	['boʎsa de 'aire]
ar (m) condicionado	climatizador (m)	[klimatiθa'ðor]
rádio (m)	radio (m)	['raðio]
leitor (m) de CD	reproductor (m) de CD	[reproðuk'tor de θe'de]
ligar (vt)	encender (vt)	[enθen'der]
antena (f)	antena (f)	[an'tena]
porta-luvas (m)	guantera (f)	[guan'tera]
cinzeiro (m)	cenicero (m)	[θeni'θero]

149. Carros. Motor

motor (m)	motor (m)	[mo'tor]
diesel	diésel (adj)	[dje'seʎ]
a gasolina	a gasolina (adj)	[a gaso'lina]
cilindrada (f)	volumen (m) del motor	[bo'ʎumen deʎ mo'tor]
potência (f)	potencia (f)	[po'tensia]
cavalo-vapor (m)	caballo (m) de fuerza	[ka'βajo de fu'erθa]
pistão (m)	pistón (m)	[pis'ton]
cilindro (m)	cilindro (m)	[θi'lindro]
válvula (f)	válvula (f)	['baʎβuʎa]
injetor (m)	inyector (m)	[injek'tor]
gerador (m)	generador (m)	[xenera'ðor]
carburador (m)	carburador (m)	[karβura'ðor]
óleo (m) para motor	aceite (m) de motor	[a'θejte de mo'tor]
radiador (m)	radiador (m)	[raðja'ðor]
refrigerante (m)	liquido (m) refrigerante	[li'kiðo refrixe'rante]
ventilador (m)	ventilador (m)	[bentiʎa'ðor]
dispositivo (m) de arranque	estárter (m)	[es'tarter]
ignição (f)	encendido (m)	[enθen'diðo]

137

vela (f) de ignição	bujía (f)	[bu'χia]
fusível (m)	fusible (m)	[fu'siβle]

bateria (f)	batería (f)	[bate'ria]
borne (m)	terminal (m)	[termi'nalʲ]
borne (m) positivo	terminal (m) positivo	[termi'nalʲ posi'tiβa]
borne (m) negativo	terminal (m) negativo	[termi'nalʲ nega'tiβa]

filtro (m) de ar	filtro (m) de aire	['filʲtro de 'aire]
filtro (m) de óleo	filtro (m) de aceite	['filʲtro de a'θejte]
filtro (m) de combustível	filtro (m) de combustible	['filʲtro de kombus'tiβle]

150. Carros. Batidas. Reparação

acidente (m) de carro	accidente (m)	[akθi'ðente]
acidente (m) rodoviário	accidente (m) de tráfico	[akθi'ðente de 'trafiko]
ir contra ...	chocar contra ...	[ʧo'kar 'kontra]
sofrer um acidente	tener un accidente	[te'ner un akθi'ðente]
danos (m pl)	daño (m)	['danjo]
intato	intacto (adj)	[in'takto]

avaria (no motor, etc.)	pana (f)	['pana]
avariar (vi)	averiarse (vr)	[aβe'rjarse]
cabo (m) de reboque	remolque (m)	[re'molʲke]

furo (m)	pinchazo (m)	[pin'ʧaθo]
estar furado	desinflarse (vr)	[desiɱ'flʲarse]
encher (vt)	inflar (vt)	[iɱ'flʲar]
pressão (f)	presión (f)	[pre'sjon]
verificar (vt)	verificar (vt)	[berifi'kar]

reparação (f)	reparación (f)	[repara'θjon]
oficina (f) de reparação de carros	taller (m)	[ta'jer]
peça (f) sobresselente	parte (f) de repuesto	['parte de repu'esto]
peça (f)	parte (f)	['parte]

parafuso (m)	perno (m)	['perno]
parafuso (m)	tornillo (m)	[tor'nijo]
porca (f)	tuerca (f)	[tu'erka]
anilha (f)	arandela (f)	[aran'delʲa]
rolamento (m)	rodamiento (m)	[roða'mjento]

tubo (m)	tubo (m)	['tuβo]
junta (f)	junta (f)	['χunta]
fio, cabo (m)	cable, hilo (m)	['kaβle], ['ilʲo]

macaco (m)	gato (m)	['gato]
chave (f) de boca	llave (f) de tuerca	['jaβe de tu'erka]
martelo (m)	martillo (m)	[mar'tijo]
bomba (f)	bomba (f)	['bomba]
chave (f) de fendas	destornillador (m)	[destornija'ðor]
extintor (m)	extintor (m)	[ekstin'tor]
triângulo (m) de emergência	triángulo (m) de avería	[tri'angulʲo de aβe'ria]

parar (vi) (motor)	pararse, calarse (vr)	[pa'rarse], [ka'lʲarse]
paragem (f)	parada (f)	[pa'raða]
estar quebrado	estar averiado	[es'tar aβe'rjaðo]

superaquecer-se (vr)	recalentarse (vr)	[rekalen'tarse]
entupir-se (vr)	estar atascado	[es'tar atas'kaðo]
congelar-se (vr)	congelarse (vr)	[konχe'lʲarse]
rebentar (vi)	reventar (vi)	[reβen'tar]

pressão (f)	presión (f)	[pre'sjon]
nível (m)	nivel (m)	[ni'βelʲ]
frouxo	flojo (adj)	['flʲoχo]

mossa (f)	abolladura (f)	[aβoja'ðura]
ruído (m)	ruido (m)	[ru'iðo]
fissura (f)	grieta (f)	[gri'eta]
arranhão (m)	rozadura (f)	[roθa'ðura]

151. Carros. Estrada

estrada (f)	camino (m)	[ka'mino]
autoestrada (f)	autovía (f)	[auto'βia]
rodovia (f)	carretera (f)	[kare'tera]
direção (f)	dirección (f)	[direk'θjon]
distância (f)	distancia (f)	[dis'tanθia]

ponte (f)	puente (m)	[pu'ente]
parque (m) de estacionamento	aparcamiento (m)	[aparka'mjento]
praça (f)	plaza (f)	['plʲaθa]
nó (m) rodoviário	intercambiador (m)	[interkambja'ðor]
túnel (m)	túnel (m)	['tunelʲ]

posto (m) de gasolina	gasolinera (f)	[gasoli'nera]
parque (m) de estacionamento	aparcamiento (m)	[aparka'mjento]
bomba (f) de gasolina	surtidor (m)	[surti'ðor]
oficina (f) de reparação de carros	taller (m)	[ta'jer]
abastecer (vt)	cargar gasolina	[kar'gar gaso'lina]
combustível (m)	combustible (m)	[kombus'tiβle]
bidão (m) de gasolina	bidón (m) de gasolina	[bi'ðon de gaso'lina]

asfalto (m)	asfalto (m)	[as'falʲto]
marcação (f) de estradas	señalización (f) vial	[senjaliθa'θjon bi'jalʲ]
lancil (m)	bordillo (m)	[bor'ðijo]
proteção (f) guard-rail	barrera (f) de seguridad	[ba'rera de seguri'ðað]
valeta (f)	cuneta (f)	[ku'neta]
berma (f) da estrada	borde (m) de la carretera	['borðe de lʲa kare'tera]
poste (m) de luz	farola (f)	[fa'rolʲa]

conduzir, guiar (vt)	conducir (vi, vt)	[kondu'θir]
virar (ex. ~ à direita)	girar (vi)	[χi'rar]
dar retorno	girar en U	[χi'rar en 'u]
marcha-atrás (f)	marcha (f) atrás	['martʃa a'tras]
buzinar (vi)	tocar la bocina	[to'kar lʲa bo'θina]

139

buzina (f)	bocinazo (m)	[boθi'naθo]
atolar-se (vr)	atascarse (vr)	[atas'karse]
patinar (na lama)	patinar (vi)	[pati'nar]
desligar (vt)	parar (vt)	[pa'rar]

velocidade (f)	velocidad (f)	[beʎoθi'ðað]
exceder a velocidade	exceder la velocidad	[ekθe'ðer lʲa beʎoθi'ðað]
multar (vt)	multar (vt)	[mulʲ'tar]
semáforo (m)	semáforo (m)	[se'maforo]
carta (f) de condução	permiso (m) de conducir	[per'miso de kondu'θir]

passagem (f) de nível	paso (m) a nivel	['paso a ni'βelʲ]
cruzamento (m)	cruce (m)	['kruθe]
passadeira (f)	paso (m) de peatones	['paso de pea'tones]
zona (f) pedonal	zona (f) de peatones	['θona de pea'tones]

PESSOAS. EVENTOS

152. Férias. Evento

festa (f)	fiesta (f)	['fjesta]
festa (f) nacional	fiesta (f) nacional	['fjesta naθjo'nalʲ]
feriado (m)	día (m) de fiesta	['dia de 'fjesta]
festejar (vt)	celebrar (vt)	[θele'βrar]
evento (festa, etc.)	evento (m)	[e'βento]
evento (banquete, etc.)	medida (f)	[me'ðiða]
banquete (m)	banquete (m)	[baŋ'kete]
receção (f)	recepción (f)	[resep'θjon]
festim (m)	festín (m)	[fes'tin]
aniversário (m)	aniversario (m)	[aniβer'sario]
jubileu (m)	jubileo (m)	[χuβi'leo]
Ano (m) Novo	Año (m) Nuevo	['anjo nu'eβo]
Feliz Ano Novo!	¡Feliz Año Nuevo!	[fe'liθ 'anjo nu'eβo]
Pai (m) Natal	Papá Noel (m)	[pa'pa no'elʲ]
Natal (m)	Navidad (f)	[naβi'ðað]
Feliz Natal!	¡Feliz Navidad!	[fe'liθ naβi'ðað]
árvore (f) de Natal	árbol (m) de Navidad	['arβolʲ de naβi'ðað]
fogo (m) de artifício	fuegos (m pl) artificiales	[fu'egos artifi'θjales]
boda (f)	boda (f)	['boða]
noivo (m)	novio (m)	['noβio]
noiva (f)	novia (f)	['noβia]
convidar (vt)	invitar (vt)	[imbi'tar]
convite (m)	tarjeta (f) de invitación	[tar'χeta de imbita'θjon]
convidado (m)	invitado (m)	[imbi'taðo]
visitar (vt)	visitar (vt)	[bisi'tar]
receber os hóspedes	recibir a los invitados	[reθi'βir a los imbi'taðos]
presente (m)	regalo (m)	[re'galʲo]
oferecer (vt)	regalar (vt)	[rega'lʲar]
receber presentes	recibir regalos	[reθi'βir re'galʲos]
ramo (m) de flores	ramo (m) de flores	['ramo de 'flʲores]
felicitações (f pl)	felicitación (f)	[feliθita'θjon]
felicitar (dar os parabéns)	felicitar (vt)	[feliθi'tar]
cartão (m) de parabéns	tarjeta (f) de felicitación	[tar'χeta de feliθita'θjon]
enviar um postal	enviar una tarjeta	[em'bjar 'una tar'χeta]
receber um postal	recibir una tarjeta	[reθi'βir 'una tar'χeta]
brinde (m)	brindis (m)	['brindis]

oferecer (vt)	ofrecer (vt)	[ofre'θer]
champanhe (m)	champaña (f)	[ʧam'panja]

divertir-se (vr)	divertirse (vr)	[diβer'tirse]
diversão (f)	diversión (f)	[diβer'sjon]
alegria (f)	alegría (f)	[ale'ɣria]

dança (f)	baile (m)	['bajle]
dançar (vi)	bailar (vi, vt)	[baj'lʲar]

valsa (f)	vals (m)	[balʲs]
tango (m)	tango (m)	['tango]

153. Funerais. Enterro

cemitério (m)	cementerio (m)	[θemen'terio]
sepultura (f), túmulo (m)	tumba (f)	['tumba]
cruz (f)	cruz (f)	[kruθ]
lápide (f)	lápida (f)	['lʲapiða]
cerca (f)	verja (f)	['berχa]
capela (f)	capilla (f)	[ka'pija]

morte (f)	muerte (f)	[mu'erte]
morrer (vi)	morir (vi)	[mo'rir]
defunto (m)	difunto (m)	[di'funto]
luto (m)	luto (m)	['lʲuto]

enterrar, sepultar (vt)	enterrar (vt)	[ente'rar]
agência (f) funerária	funeraria (f)	[fune'raria]
funeral (m)	entierro (m)	[en'tjero]

coroa (f) de flores	corona (f) funeraria	[ko'rona fune'raria]
caixão (m)	ataúd (m)	[ata'uð]
carro (m) funerário	coche (m) fúnebre	['koʧe 'funeβre]
mortalha (f)	mortaja (f)	[mor'taχa]

procissão (f) funerária	cortejo (m) fúnebre	[kor'teχo 'funeβre]
urna (f) funerária	urna (f) funeraria	['urna fune'raria]
crematório (m)	crematorio (m)	[krema'torio]

obituário (m), necrologia (f)	necrología (f)	[nekrolʲo'χia]
chorar (vi)	llorar (vi)	[jo'rar]
soluçar (vi)	sollozar (vi)	[sojo'θar]

154. Guerra. Soldados

pelotão (m)	sección (f)	[sek'θjon]
companhia (f)	compañía (f)	[kompa'njia]
regimento (m)	regimiento (m)	[reχi'mjento]
exército (m)	ejército (m)	[e'χerθito]
divisão (f)	división (f)	[diβi'θjon]
destacamento (m)	destacamento (m)	[destaka'mento]

hoste (f)	hueste (f)	[u'este]
soldado (m)	soldado (m)	[solʲ'ðaðo]
oficial (m)	oficial (m)	[ofi'θjalʲ]

soldado (m) raso	soldado (m) raso	[solʲ'ðaðo 'raso]
sargento (m)	sargento (m)	[sar'χento]
tenente (m)	teniente (m)	[te'njente]
capitão (m)	capitán (m)	[kapi'tan]
major (m)	mayor (m)	[ma'jor]
coronel (m)	coronel (m)	[koro'nelʲ]
general (m)	general (m)	[χene'ralʲ]

marujo (m)	marino (m)	[ma'rino]
capitão (m)	capitán (m)	[kapi'tan]
contramestre (m)	contramaestre (m)	[kontrama'estre]

artilheiro (m)	artillero (m)	[arti'jero]
soldado (m) paraquedista	paracaidista (m)	[parakai'ðista]
piloto (m)	piloto (m)	[pi'ʎoto]
navegador (m)	navegador (m)	[naβega'ðor]
mecânico (m)	mecánico (m)	[me'kaniko]

sapador (m)	zapador (m)	[θapa'ðor]
paraquedista (m)	paracaidista (m)	[parakai'ðista]
explorador (m)	explorador (m)	[eksplʲora'ðor]
franco-atirador (m)	francotirador (m)	['fraŋko·tira'ðor]

patrulha (f)	patrulla (f)	[pa'truja]
patrulhar (vt)	patrullar (vi, vt)	[patru'jar]
sentinela (f)	centinela (m)	[θenti'nelʲa]

guerreiro (m)	guerrero (m)	[ge'rero]
patriota (m)	patriota (m)	[pa'trjota]
herói (m)	héroe (m)	['eroe]
heroína (f)	heroína (f)	[ero'ina]

traidor (m)	traidor (m)	[trai'ðor]
trair (vt)	traicionar (vt)	[traiθjo'nar]

desertor (m)	desertor (m)	[deser'tor]
desertar (vt)	desertar (vi)	[deser'tar]

mercenário (m)	mercenario (m)	[merθe'nario]
recruta (m)	recluta (m)	[re'klʲuta]
voluntário (m)	voluntario (m)	[bolʲun'tario]

morto (m)	muerto (m)	[mu'erto]
ferido (m)	herido (m)	[e'riðo]
prisioneiro (m) de guerra	prisionero (m)	[prisjo'nero]

155. Guerra. Ações militares. Parte 1

guerra (f)	guerra (f)	['gera]
guerrear (vt)	estar en guerra	[es'tar en 'gera]

guerra (f) civil	**guerra** (f) **civil**	['gera θi'βilʲ]
perfidamente	**pérfidamente** (adv)	['perfiða'mente]
declaração (f) de guerra	**declaración** (f) **de guerra**	[deklʲara'θjon de 'gera]
declarar (vt) guerra	**declarar** (vt)	[deklʲa'rar]
agressão (f)	**agresión** (f)	[aɣre'sjon]
atacar (vt)	**atacar** (vt)	[ata'kar]
invadir (vt)	**invadir** (vt)	[imba'ðir]
invasor (m)	**invasor** (m)	[imba'sor]
conquistador (m)	**conquistador** (m)	[koŋkista'ðor]
defesa (f)	**defensa** (f)	[de'fensa]
defender (vt)	**defender** (vt)	[defen'der]
defender-se (vr)	**defenderse** (vr)	[defen'derse]
inimigo (m)	**enemigo** (m)	[ene'migo]
adversário (m)	**adversario** (m)	[aðβer'sario]
inimigo	**enemigo** (adj)	[ene'migo]
estratégia (f)	**estrategia** (f)	[estra'teχia]
tática (f)	**táctica** (f)	['taktika]
ordem (f)	**orden** (f)	['orðen]
comando (m)	**comando** (m)	[ko'mando]
ordenar (vt)	**ordenar** (vt)	[orðe'nar]
missão (f)	**misión** (f)	[mi'sjon]
secreto	**secreto** (adj)	[se'kreto]
batalha (f)	**batalla** (f)	[ba'taja]
combate (m)	**combate** (m)	[kom'bate]
ataque (m)	**ataque** (m)	[a'take]
assalto (m)	**asalto** (m)	[a'salʲto]
assaltar (vt)	**tomar por asalto**	[to'mar por a'salʲto]
assédio, sítio (m)	**asedio** (m), **sitio** (m)	[a'seðio], ['sitio]
ofensiva (f)	**ofensiva** (f)	[ofen'siβa]
passar à ofensiva	**tomar la ofensiva**	[to'mar lʲa ofen'siβa]
retirada (f)	**retirada** (f)	[reti'raða]
retirar-se (vr)	**retirarse** (vr)	[reti'rarse]
cerco (m)	**envolvimiento** (m)	[embolʲβi'mjento]
cercar (vt)	**cercar** (vt)	[θer'kar]
bombardeio (m)	**bombardeo** (m)	[bombar'ðeo]
lançar uma bomba	**lanzar una bomba**	[lʲan'θar 'una 'bomba]
bombardear (vt)	**bombear** (vt)	[bombe'ar]
explosão (f)	**explosión** (f)	[eksplʲo'sjon]
tiro (m)	**tiro** (m), **disparo** (m)	['tiro], [dis'paro]
disparar um tiro	**disparar** (vi)	[dispa'rar]
tiroteio (m)	**tiro** (m)	['tiro]
apontar para ...	**apuntar a ...**	[apun'tar a]
apontar (vt)	**encarar** (vt)	[eŋka'rar]

144

acertar (vt)	alcanzar (vt)	[alʲkan'θar]
afundar (um navio)	hundir (vt)	[un'dir]
brecha (f)	brecha (f)	['bretʃa]
afundar-se (vr)	hundirse (vr)	[un'dirse]

frente (m)	frente (m)	['frente]
evacuação (f)	evacuación (f)	[eβakua'θjon]
evacuar (vt)	evacuar (vt)	[eβaku'ar]

trincheira (f)	trinchera (f)	[trin'tʃera]
arame (m) farpado	alambre (m) de púas	[a'lʲambre de 'puas]
obstáculo (m) anticarro	barrera (f)	[ba'rera]
torre (f) de vigia	torre (f) de vigilancia	['tore de biχi'lʲanθia]

hospital (m)	hospital (m)	[ospi'talʲ]
ferir (vt)	herir (vi, vt)	[e'rir]
ferida (f)	herida (f)	[e'riða]
ferido (m)	herido (m)	[e'riðo]
ficar ferido	recibir una herida	[reθi'βir 'una e'riða]
grave (ferida ~)	grave (adj)	['graβe]

156. Armas

arma (f)	arma (f)	['arma]
arma (f) de fogo	arma (f) de fuego	['arma de fu'ego]
arma (f) branca	arma (f) blanca	['arma 'blʲaŋka]

arma (f) química	arma (f) química	['arma 'kimika]
nuclear	nuclear (adj)	[nukle'ar]
arma (f) nuclear	arma (f) nuclear	['arma nukle'ar]

| bomba (f) | bomba (f) | ['bomba] |
| bomba (f) atómica | bomba (f) atómica | ['bomba a'tomika] |

pistola (f)	pistola (f)	[pis'tolʲa]
caçadeira (f)	fusil (m)	[fu'silʲ]
pistola-metralhadora (f)	metralleta (f)	[metra'jeta]
metralhadora (f)	ametralladora (f)	[ametraja'ðora]

boca (f)	boca (f)	['boka]
cano (m)	cañón (m)	[ka'njon]
calibre (m)	calibre (m)	[ka'liβre]

gatilho (m)	gatillo (m)	[ga'tijo]
mira (f)	alza (f)	['alʲθa]
carregador (m)	cargador (m)	[karga'ðor]
coronha (f)	culata (f)	[ku'lʲata]

| granada (f) de mão | granada (f) | [gra'naða] |
| explosivo (m) | explosivo (m) | [eksplʲo'siβo] |

bala (f)	bala (f)	['balʲa]
cartucho (m)	cartucho (m)	[kar'tutʃo]
carga (f)	carga (f)	['karga]

munições (f pl)	pertrechos (m pl)	[per'treʧos]
bombardeiro (m)	bombardero (m)	[bombar'ðero]
avião (m) de caça	avión (m) de caza	[a'βjon de 'kaθa]
helicóptero (m)	helicóptero (m)	[eli'koptero]

canhão (m) antiaéreo	antiaéreo (m)	[anti·a'ereo]
tanque (m)	tanque (m)	['taŋke]
canhão (de um tanque)	cañón (m)	[ka'njon]

artilharia (f)	artillería (f)	[artije'ria]
canhão (m)	cañón (m)	[ka'njon]
fazer a pontaria	dirigir (vt)	[diri'χir]

morteiro (m)	mortero (m)	[mor'tero]
granada (f) de morteiro	bomba (f) de mortero	['bomba de mar'tero]
obus (m)	obús (m)	[o'βus]
estilhaço (m)	trozo (m) de obús	['troθo de o'βus]

submarino (m)	submarino (m)	[suβma'rino]
torpedo (m)	torpedo (m)	[tor'peðo]
míssil (m)	misil (m)	[mi'silʲ]

carregar (uma arma)	cargar (vt)	[kar'gar]
atirar, disparar (vi)	tirar (vi)	[ti'rar]
apontar para ...	apuntar a ...	[apun'tar a]
baioneta (f)	bayoneta (f)	[bajo'neta]

espada (f)	espada (f)	[es'paða]
sabre (m)	sable (m)	['saβle]
lança (f)	lanza (f)	['lʲanθa]
arco (m)	arco (m)	['arko]
flecha (f)	flecha (f)	['fleʧa]
mosquete (m)	mosquete (m)	[mos'kete]
besta (f)	ballesta (f)	[ba'jesta]

157. Povos da antiguidade

primitivo	primitivo (adj)	[primi'tiβo]
pré-histórico	prehistórico (adj)	[preis'toriko]
antigo	antiguo (adj)	[an'tiguo]

Idade (f) da Pedra	Edad (f) de Piedra	[e'ðað de 'pjeðra]
Idade (f) do Bronze	Edad (f) de Bronce	[e'ðað de 'bronθe]
período (m) glacial	Edad (f) de Hielo	[e'ðað de 'jelʲo]

tribo (f)	tribu (f)	['triβu]
canibal (m)	caníbal (m)	[ka'niβalʲ]
caçador (m)	cazador (m)	[kaθa'ðor]
caçar (vi)	cazar (vi, vt)	[ka'θar]
mamute (m)	mamut (m)	[ma'mut]

caverna (f)	caverna (f)	[ka'βerna]
fogo (m)	fuego (m)	[fu'ego]
fogueira (f)	hoguera (f)	[o'gera]

pintura (f) rupestre	pintura (f) rupestre	[pin'tura ru'pestre]
ferramenta (f)	herramienta (f), útil (m)	[era'mjenta], ['utilʲ]
lança (f)	lanza (f)	['lʲanθa]
machado (m) de pedra	hacha (f) de piedra	['aʧa de 'pjeðra]
guerrear (vt)	estar en guerra	[es'tar en 'gera]
domesticar (vt)	domesticar (vt)	[domesti'kar]

ídolo (m)	ídolo (m)	['iðolʲo]
adorar, venerar (vt)	adorar (vt)	[aðo'rar]
superstição (f)	superstición (f)	[supersti'θjon]
ritual (m)	rito (m)	['rito]

evolução (f)	evolución (f)	[eβolʲu'θjon]
desenvolvimento (m)	desarrollo (m)	[desa'rojo]
desaparecimento (m)	desaparición (f)	[desapari'θjon]
adaptar-se (vr)	adaptarse (vr)	[aðap'tarse]

arqueologia (f)	arqueología (f)	[arkeolʲo'χia]
arqueólogo (m)	arqueólogo (m)	[arke'olʲogo]
arqueológico	arqueológico (adj)	[arkeo'lʲoχiko]

local (m) das escavações	sitio (m) de excavación	['sitio de ekskaβa'θjon]
escavações (f pl)	excavaciones (f pl)	[ekskaβa'θjones]
achado (m)	hallazgo (m)	[a'jaθgo]
fragmento (m)	fragmento (m)	[fraɣ'mento]

158. Idade média

povo (m)	pueblo (m)	[pu'eβlʲo]
povos (m pl)	pueblos (m pl)	[pu'eβlʲos]
tribo (f)	tribu (f)	['triβu]
tribos (f pl)	tribus (f pl)	['triβus]

bárbaros (m pl)	bárbaros (m pl)	['barβaros]
gauleses (m pl)	galos (m pl)	['galʲos]
godos (m pl)	godos (m pl)	['goðos]
eslavos (m pl)	eslavos (m pl)	[es'lʲaβos]
víquingues (m pl)	vikingos (m pl)	[bi'kingos]

romanos (m pl)	romanos (m pl)	[ro'manos]
romano	romano (adj)	[ro'mano]

bizantinos (m pl)	bizantinos (m pl)	[biθan'tinos]
Bizâncio	Bizancio (m)	[bi'θanθio]
bizantino	bizantino (adj)	[biθan'tino]

imperador (m)	emperador (m)	[empera'ðor]
líder (m)	jefe (m)	['χefe]
poderoso	poderoso (adj)	[poðe'roso]
rei (m)	rey (m)	[rej]
governante (m)	gobernador (m)	[goβerna'ðor]

cavaleiro (m)	caballero (m)	[kaβa'jero]
senhor feudal (m)	señor (m) feudal	[se'njor feu'ðalʲ]

feudal	feudal (adj)	[feu'ðalʲ]
vassalo (m)	vasallo (m)	[ba'sajo]
duque (m)	duque (m)	['duke]
conde (m)	conde (m)	['konde]
barão (m)	barón (m)	[ba'ron]
bispo (m)	obispo (m)	[o'βispo]
armadura (f)	armadura (f)	[arma'ðura]
escudo (m)	escudo (m)	[es'kuðo]
espada (f)	espada (f)	[es'paða]
viseira (f)	visera (f)	[bi'sera]
cota (f) de malha	cota (f) de malla	['kota de 'maja]
cruzada (f)	cruzada (f)	[kru'θaða]
cruzado (m)	cruzado (m)	[kru'θaðo]
território (m)	territorio (m)	[teri'torio]
atacar (vt)	atacar (vt)	[ata'kar]
conquistar (vt)	conquistar (vt)	[koŋkis'tar]
ocupar, invadir (vt)	ocupar (vt)	[oku'par]
assédio, sítio (m)	asedio (m), sitio (m)	[a'seðio], ['sitio]
sitiado	sitiado (adj)	[si'tjaðo]
assediar, sitiar (vt)	asediar, sitiar	[ase'ðjar], [si'tjar]
inquisição (f)	inquisición (f)	[iŋkisi'θjon]
inquisidor (m)	inquisidor (m)	[iŋkisi'ðor]
tortura (f)	tortura (f)	[tor'tura]
cruel	cruel (adj)	[kru'elʲ]
herege (m)	hereje (m)	[e'reχe]
heresia (f)	herejía (f)	[ere'χia]
navegação (f) marítima	navegación (f) marítima	[naβega'θjon ma'ritima]
pirata (m)	pirata (m)	[pi'rata]
pirataria (f)	piratería (f)	[pirate'ria]
abordagem (f)	abordaje (m)	[aβor'ðaχe]
presa (f), butim (m)	botín (m)	[bo'tin]
tesouros (m pl)	tesoros (m pl)	[te'soros]
descobrimento (m)	descubrimiento (m)	[deskuβri'mjento]
descobrir (novas terras)	descubrir (vt)	[desku'βrir]
expedição (f)	expedición (f)	[ekspeði'θjon]
mosqueteiro (m)	mosquetero (m)	[moske'tero]
cardeal (m)	cardenal (m)	[karðe'nalʲ]
heráldica (f)	heráldica (f)	[e'ralʲdika]
heráldico	heráldico (adj)	[e'ralʲdiko]

159. Líder. Chefe. Autoridades

rei (m)	rey (m)	[rej]
rainha (f)	reina (f)	['rejna]
real	real (adj)	[re'alʲ]

reino (m)	reino (m)	['rejno]
príncipe (m)	príncipe (m)	['prinθipe]
princesa (f)	princesa (f)	[prin'θesa]

presidente (m)	presidente (m)	[presi'ðente]
vice-presidente (m)	vicepresidente (m)	['biθe·presi'ðente]
senador (m)	senador (m)	[sena'ðor]

monarca (m)	monarca (m)	[mo'narka]
governante (m)	gobernador (m)	[goβerna'ðor]
ditador (m)	dictador (m)	[dikta'ðor]
tirano (m)	tirano (m)	[ti'rano]
magnata (m)	magnate (m)	[maɣ'nate]

diretor (m)	director (m)	[direk'tor]
chefe (m)	jefe (m)	['χefe]
dirigente (m)	gerente (m)	[χe'rente]
patrão (m)	amo (m)	['amo]
dono (m)	dueño (m)	[du'enjo]

líder, chefe (m)	jefe (m), líder (m)	['χefe], ['liðer]
chefe (~ de delegação)	jefe (m)	['χefe]
autoridades (f pl)	autoridades (f pl)	[autori'ðaðes]
superiores (m pl)	superiores (m pl)	[supe'rjores]

governador (m)	gobernador (m)	[goβerna'ðor]
cônsul (m)	cónsul (m)	['konsulʲ]
diplomata (m)	diplomático (m)	[diplʲo'matiko]
Presidente (m) da Câmara	alcalde (m)	[alʲ'kalʲde]
xerife (m)	sheriff (m)	[ʃe'rif]

imperador (m)	emperador (m)	[empera'ðor]
czar (m)	zar (m)	[θar]
faraó (m)	faraón (m)	[fara'on]
cã (m)	jan (m), kan (m)	[χan]

160. Viloação da lei. Criminosos. Parte 1

bandido (m)	bandido (m)	[ban'diðo]
crime (m)	crimen (m)	['krimen]
criminoso (m)	criminal (m)	[krimi'nalʲ]

ladrão (m)	ladrón (m)	[lʲa'ðron]
roubar (vt)	robar (vt)	[ro'βar]
furto, roubo (m)	robo (m)	['roβo]

raptar (ex. ~ uma criança)	secuestrar (vt)	[sekues'trar]
rapto (m)	secuestro (m)	[seku'estro]
raptor (m)	secuestrador (m)	[sekuestra'ðor]

resgate (m)	rescate (m)	[res'kate]
pedir resgate	exigir un rescate	[eksi'χir un res'kate]
roubar (vt)	robar (vt)	[ro'βar]
assalto, roubo (m)	robo (m)	['roβo]

assaltante (m)	atracador (m)	[atraka'ðor]
extorquir (vt)	extorsionar (vt)	[ekstorsjo'nar]
extorsionário (m)	extorsionista (m)	[ekstorsjo'nista]
extorsão (f)	extorsión (f)	[ekstor'sjon]

matar, assassinar (vt)	matar, asesinar (vt)	[ma'tar], [asesi'nar]
homicídio (m)	asesinato (m)	[asesi'nato]
homicida, assassino (m)	asesino (m)	[ase'sino]
tiro (m)	tiro (m), disparo (m)	['tiro], [dis'paro]
dar um tiro	disparar (vi)	[dispa'rar]
matar a tiro	matar (vt)	[ma'tar]
atirar, disparar (vi)	tirar (vi)	[ti'rar]
tiroteio (m)	tiroteo (m)	[tiro'teo]

incidente (m)	incidente (m)	[inθi'ðente]
briga (~ de rua)	pelea (f)	[pe'lea]
Socorro!	¡Socorro!	[so'koro]
vítima (f)	víctima (f)	['biktima]

danificar (vt)	perjudicar (vt)	[perχuði'kar]
dano (m)	daño (m)	['danjo]
cadáver (m)	cadáver (m)	[ka'ðaβer]
grave	grave (adj)	['graβe]

atacar (vt)	atacar (vt)	[ata'kar]
bater (espancar)	pegar (vt)	[pe'gar]
espancar (vt)	apporear (vt)	[appore'ar]
tirar, roubar (dinheiro)	quitar (vt)	[ki'tar]
esfaquear (vt)	acuchillar (vt)	[akutʃi'jar]
mutilar (vt)	mutilar (vt)	[muti'lʲar]
ferir (vt)	herir (vt)	[e'rir]
chantagem (f)	chantaje (m)	[tʃan'taχe]
chantagear (vt)	hacer chantaje	[a'θer tʃan'taχe]
chantagista (m)	chantajista (m)	[tʃanta'χista]

extorsão (em troca de proteção)	extorsión (f)	[ekstor'sjon]
extorsionário (m)	extorsionador (m)	[ekstorsjona'ðor]
gângster (m)	gángster (m)	['ganster]
máfia (f)	mafia (f)	['mafia]

carteirista (m)	carterista (m)	[karte'rista]
assaltante, ladrão (m)	ladrón (m) de viviendas	[lʲa'ðron de bi'βjendas]
contrabando (m)	contrabandismo (m)	[kontraβan'dismo]
contrabandista (m)	contrabandista (m)	[kontraβan'dista]

falsificação (f)	falsificación (f)	[falʲsifika'θjon]
falsificar (vt)	falsificar (vt)	[falʲsifi'kar]
falsificado	falso, falsificado	['falʲso], [falʲsifi'kaðo]

161. Viloação da lei. Criminosos. Parte 2

violação (f)	violación (f)	[biolʲa'θjon]
violar (vt)	violar (vt)	[bio'lʲar]

violador (m)	violador (m)	[bioⅼʲa'ðor]
maníaco (m)	maniaco (m)	[mani'ako]
prostituta (f)	prostituta (f)	[prosti'tuta]
prostituição (f)	prostitución (f)	[prostitu'θjon]
chulo (m)	chulo (m), proxeneta (m)	['ʧulʲo], [prokse'neta]
toxicodependente (m)	drogadicto (m)	[droɣ·a'ðikto]
traficante (m)	narcotraficante (m)	[narko·trafi'kante]
explodir (vt)	hacer explotar	[a'θer ekspⅼʲo'tar]
explosão (f)	explosión (f)	[ekspⅼʲo'sjon]
incendiar (vt)	incendiar (vt)	[inθen'djar]
incendiário (m)	incendiario (m)	[inθen'djario]
terrorismo (m)	terrorismo (m)	[tero'rismo]
terrorista (m)	terrorista (m)	[tero'rista]
refém (m)	rehén (m)	[re'en]
enganar (vt)	estafar (vt)	[esta'far]
engano (m)	estafa (f)	[es'tafa]
vigarista (m)	estafador (m)	[estafa'ðor]
subornar (vt)	sobornar (vt)	[soβor'nar]
suborno (atividade)	soborno (m)	[so'βorno]
suborno (dinheiro)	soborno (m)	[so'βorno]
veneno (m)	veneno (m)	[be'neno]
envenenar (vt)	envenenar (vt)	[embene'nar]
envenenar-se (vr)	envenenarse (vr)	[embene'narse]
suicídio (m)	suicidio (m)	[sui'θiðio]
suicida (m)	suicida (m, f)	[sui'θiða]
ameaçar (vt)	amenazar (vt)	[amena'θar]
ameaça (f)	amenaza (f)	[ame'nasa]
atentar contra a vida de ...	atentar (vi)	[aten'tar]
atentado (m)	atentado (m)	[aten'taðo]
roubar (o carro)	robar (vt)	[ro'βar]
desviar (o avião)	secuestrar (vt)	[sekues'trar]
vingança (f)	venganza (f)	[ben'ganθa]
vingar (vt)	vengar (vt)	[ben'gar]
torturar (vt)	torturar (vt)	[tortu'rar]
tortura (f)	tortura (f)	[tor'tura]
atormentar (vt)	atormentar (vt)	[atormen'tar]
pirata (m)	pirata (m)	[pi'rata]
desordeiro (m)	gamberro (m)	[gam'bero]
armado	armado (adj)	[ar'maðo]
violência (f)	violencia (f)	[bio'lenθia]
ilegal	ilegal (adj)	[ile'galʲ]
espionagem (f)	espionaje (m)	[espjo'naχe]
espionar (vi)	espiar (vi, vt)	[espi'jar]

162. Polícia. Lei. Parte 1

justiça (f)	justicia (f)	[χus'tiθia]
tribunal (m)	tribunal (m)	[triβu'nalʲ]
juiz (m)	juez (m)	[χu'eθ]
jurados (m pl)	jurados (m pl)	[χu'raðos]
tribunal (m) do júri	tribunal (m) de jurados	[triβu'nalʲ de χu'raðos]
julgar (vt)	juzgar (vt)	[χuθ'gar]
advogado (m)	abogado (m)	[aβo'gaðo]
réu (m)	acusado (m)	[aku'saðo]
banco (m) dos réus	banquillo (m) de los acusados	[baŋ'kijo de los aku'saðos]
acusação (f)	inculpación (f)	[iŋkulʲpa'θjon]
acusado (m)	inculpado (m)	[iŋkulʲ'paðo]
sentença (f)	sentencia (f)	[sen'tenθia]
sentenciar (vt)	sentenciar (vt)	[senten'θjar]
culpado (m)	culpable (m)	[kulʲ'paβle]
punir (vt)	castigar (vt)	[kasti'gar]
punição (f)	castigo (m)	[kas'tigo]
multa (f)	multa (f)	['mulʲta]
prisão (f) perpétua	cadena (f) perpetua	[ka'ðena per'petua]
pena (f) de morte	pena (f) de muerte	['pena de mu'erte]
cadeira (f) elétrica	silla (f) eléctrica	['sija e'lektrika]
forca (f)	horca (f)	['orka]
executar (vt)	ejecutar (vt)	[eχeku'tar]
execução (f)	ejecución (f)	[eχeku'θjon]
prisão (f)	prisión (f)	[pri'sjon]
cela (f) de prisão	celda (f)	['θelʲda]
escolta (f)	escolta (f)	[es'kolʲta]
guarda (m) prisional	guardia (m) de prisiones	[gu'arðja de pri'sjones]
preso (m)	prisionero (m)	[prisjo'nero]
algemas (f pl)	esposas (f pl)	[es'posas]
algemar (vt)	esposar (vt)	[espo'sar]
fuga, evasão (f)	escape (m)	[es'kape]
fugir (vi)	escaparse (vr)	[eska'parse]
desaparecer (vi)	desaparecer (vi)	[desapare'θer]
soltar, libertar (vt)	liberar (vt)	[liβe'rar]
amnistia (f)	amnistía (f)	[amnis'tia]
polícia (instituição)	policía (f)	[poli'θia]
polícia (m)	policía (m)	[poli'θia]
esquadra (f) de polícia	comisaría (f) de policía	[komisa'ria de poli'θia]
cassetete (m)	porra (f)	['pora]
megafone (m)	megáfono (m)	[me'ɣafono]

carro (m) de patrulha	coche (m) patrulla	['kotʃe pa'truja]
sirene (f)	sirena (f)	[si'rena]
ligar a sirene	poner la sirena	[po'ner lʲa si'rena]
toque (m) da sirene	sonido (m) de sirena	[so'niðo de si'rena]

cena (f) do crime	escena (f) del delito	[e'θeno delʲ de'lito]
testemunha (f)	testigo (m)	[tes'tigo]
liberdade (f)	libertad (f)	[liβer'tað]
cúmplice (m)	cómplice (m)	['kompliθe]
escapar (vi)	escapar de ...	[eska'par de]
traço (não deixar ~s)	rastro (m)	['rastro]

163. Polícia. Lei. Parte 2

procura (f)	búsqueda (f)	['buskeða]
procurar (vt)	buscar (vt)	[bus'kar]
suspeita (f)	sospecha (f)	[sos'petʃa]
suspeito	sospechoso (adj)	[sospe'tʃoso]
parar (vt)	parar (vt)	[pa'rar]
deter (vt)	retener (vt)	[rete'ner]

caso (criminal)	causa (f)	['kausa]
investigação (f)	investigación (f)	[imbestiga'θjon]
detetive (m)	detective (m)	[detek'tiβe]
investigador (m)	investigador (m)	[imbestiga'ðor]
versão (f)	versión (f)	[ber'sjon]

motivo (m)	motivo (m)	[mo'tiβo]
interrogatório (m)	interrogatorio (m)	[interoga'torio]
interrogar (vt)	interrogar (vt)	[intero'gar]
questionar (vt)	interrogar (vt)	[intero'gar]
verificação (f)	control (m)	[kon'trolʲ]

batida (f) policial	redada (f)	[re'ðaða]
busca (f)	registro (m)	[re'χistro]
perseguição (f)	persecución (f)	[perseku'θjon]
perseguir (vt)	perseguir (vt)	[perse'gir]
seguir (vt)	rastrear (vt)	[rastre'ar]

prisão (f)	arresto (m)	[a'resto]
prender (vt)	arrestar (vt)	[ares'tar]
pegar, capturar (vt)	capturar (vt)	[kaptu'rar]
captura (f)	captura (f)	[kap'tura]

documento (m)	documento (m)	[doku'mento]
prova (f)	prueba (f)	[pru'eβa]
provar (vt)	probar (vt)	[pro'βar]
pegada (f)	huella (f)	[u'eja]
impressões (f pl) digitais	huellas (f pl) digitales	[u'ejas diχi'tales]
prova (f)	elemento (m) de prueba	[ele'mento de pru'eβa]

álibi (m)	coartada (f)	[koar'taða]
inocente	inocente (adj)	[ino'θente]
injustiça (f)	injusticia (f)	[inχus'tiθia]

injusto	injusto (adj)	[in'χusto]
criminal	criminal (adj)	[krimi'nalʲ]
confiscar (vt)	confiscar (vt)	[koɲfis'kar]
droga (f)	narcótico (m)	[nar'kotiko]
arma (f)	arma (f)	['arma]
desarmar (vt)	desarmar (vt)	[desar'mar]
ordenar (vt)	ordenar (vt)	[orðe'nar]
desaparecer (vi)	desaparecer (vi)	[desapare'θer]
lei (f)	ley (f)	[lej]
legal	legal (adj)	[le'galʲ]
ilegal	ilegal (adj)	[ile'galʲ]
responsabilidade (f)	responsabilidad (f)	[responsaβili'ðað]
responsável	responsable (adj)	[respon'saβle]

NATUREZA

A Terra. Parte 1

164. Espaço sideral

cosmos (m)	cosmos (m)	['kosmos]
cósmico	espacial, cósmico (adj)	[espa'θjalʲ], ['kosmiko]
espaço (m) cósmico	espacio (m) cósmico	[es'paθjo 'kosmiko]
mundo (m)	mundo (m)	['mundo]
universo (m)	universo (m)	[uni'βerso]
galáxia (f)	galaxia (f)	[ga'lʲaksia]
estrela (f)	estrella (f)	[es'treja]
constelação (f)	constelación (f)	[konstelʲa'θjon]
planeta (m)	planeta (m)	[plʲa'neta]
satélite (m)	satélite (m)	[sa'telite]
meteorito (m)	meteorito (m)	[meteo'rito]
cometa (m)	cometa (m)	[ko'meta]
asteroide (m)	asteroide (m)	[aste'roiðe]
órbita (f)	órbita (f)	['orβita]
girar (vi)	girar (vi)	[χi'rar]
atmosfera (f)	atmósfera (f)	[að'mosfera]
Sol (m)	Sol (m)	[solʲ]
Sistema (m) Solar	sistema (m) solar	[sis'tema so'lʲar]
eclipse (m) solar	eclipse (m) de Sol	[e'klipse de solʲ]
Terra (f)	Tierra (f)	['tjera]
Lua (f)	Luna (f)	['lʲuna]
Marte (m)	Marte (m)	['marte]
Vénus (f)	Venus (f)	['benus]
Júpiter (m)	Júpiter (m)	['χupiter]
Saturno (m)	Saturno (m)	[sa'turno]
Mercúrio (m)	Mercurio (m)	[mer'kurio]
Urano (m)	Urano (m)	[u'rano]
Neptuno (m)	Neptuno (m)	[nep'tuno]
Plutão (m)	Plutón (m)	[plʲu'ton]
Via Láctea (f)	la Vía Láctea	[lʲa 'bia 'lʲaktea]
Ursa Maior (f)	la Osa Mayor	[lʲa 'osa ma'jor]
Estrela Polar (f)	la Estrella Polar	[lʲa es'treja po'lʲar]
marciano (m)	marciano (m)	[mar'θjano]
extraterrestre (m)	extraterrestre (m)	[ekstrate'restre]

alienígena (m)	planetícola (m)	[pʎane'tikoʎa]
disco (m) voador	platillo (m) volante	[pʎa'tijo bo'ʎante]
nave (f) espacial	nave (f) espacial	['naβe espa'θjaʎ]
estação (f) orbital	estación (f) orbital	[esta'θjon orβi'taʎ]
lançamento (m)	despegue (m)	[des'pege]
motor (m)	motor (m)	[mo'tor]
bocal (m)	tobera (f)	[to'βera]
combustível (m)	combustible (m)	[kombus'tiβle]
cabine (f)	carlinga (f)	[kar'linga]
antena (f)	antena (f)	[an'tena]
vigia (f)	ventana (f)	[ben'tana]
bateria (f) solar	batería (f) solar	[bate'ria so'ʎar]
traje (m) espacial	escafandra (f)	[eska'fandra]
imponderabilidade (f)	ingravidez (f)	[ingraβi'ðeθ]
oxigénio (m)	oxígeno (m)	[o'ksiχeno]
acoplagem (f)	atraque (m)	[a'trake]
fazer uma acoplagem	realizar el atraque	[reali'θar eʎ a'trake]
observatório (m)	observatorio (m)	[oβserβa'torio]
telescópio (m)	telescopio (m)	[teles'kopio]
observar (vt)	observar (vt)	[oβser'βar]
explorar (vt)	explorar (vt)	[ekspʎo'rar]

165. A Terra

Terra (f)	Tierra (f)	['tjera]
globo terrestre (Terra)	globo (m) terrestre	['gʎoβo te'restre]
planeta (m)	planeta (m)	[pʎa'neta]
atmosfera (f)	atmósfera (f)	[að'mosfera]
geografia (f)	geografía (f)	[χeoɣra'fia]
natureza (f)	naturaleza (f)	[natura'leθa]
globo (mapa esférico)	globo (m) terráqueo	['gʎoβo te'rakeo]
mapa (m)	mapa (m)	['mapa]
atlas (m)	atlas (m)	['atʎas]
Europa (f)	Europa (f)	[eu'ropa]
Ásia (f)	Asia (f)	['asia]
África (f)	África (f)	['afrika]
Austrália (f)	Australia (f)	[aus'tralia]
América (f)	América (f)	[a'merika]
América (f) do Norte	América (f) del Norte	[a'merika deʎ 'norte]
América (f) do Sul	América (f) del Sur	[a'merika deʎ 'sur]
Antártida (f)	Antártida (f)	[an'tartiða]
Ártico (m)	Ártico (m)	['artiko]

166. Pontos cardeais

norte (m)	norte (m)	['norte]
para norte	al norte	[alʲ 'norte]
no norte	en el norte	[en elʲ 'norte]
do norte	del norte (adj)	[delʲ 'norte]
sul (m)	sur (m)	[sur]
para sul	al sur	[alʲ sur]
no sul	en el sur	[en elʲ sur]
do sul	del sur (adj)	[delʲ sur]
oeste, ocidente (m)	oeste (m)	[o'este]
para oeste	al oeste	[alʲ o'este]
no oeste	en el oeste	[en elʲ o'este]
ocidental	del oeste (adj)	[delʲ o'este]
leste, oriente (m)	este (m)	['este]
para leste	al este	[alʲ 'este]
no leste	en el este	[en elʲ 'este]
oriental	del este (adj)	[delʲ 'este]

167. Mar. Oceano

mar (m)	mar (m)	[mar]
oceano (m)	océano (m)	[o'θeano]
golfo (m)	golfo (m)	['golʲfo]
estreito (m)	estrecho (m)	[es'tretʃo]
terra (f) firme	tierra (f) firme	['tjera 'firme]
continente (m)	continente (m)	[konti'nente]
ilha (f)	isla (f)	['islʲa]
península (f)	península (f)	[pe'ninsulʲa]
arquipélago (m)	archipiélago (m)	[artʃipi'elʲago]
baía (f)	bahía (f)	[ba'ia]
porto (m)	ensenada, bahía (f)	[ba'ia]
lagoa (f)	laguna (f)	[lʲa'guna]
cabo (m)	cabo (m)	['kaβo]
atol (m)	atolón (m)	[ato'lʲon]
recife (m)	arrecife (m)	[are'θife]
coral (m)	coral (m)	[ko'ralʲ]
recife (m) de coral	arrecife (m) de coral	[are'θife de ko'ralʲ]
profundo	profundo (adj)	[pro'fundo]
profundidade (f)	profundidad (f)	[profundi'ða ð]
abismo (m)	abismo (m)	[a'βismo]
fossa (f) oceânica	fosa (f) oceánica	['fosa oθe'anika]
corrente (f)	corriente (f)	[ko'rjente]
banhar (vt)	bañar (vt)	[ba'njar]
litoral (m)	orilla (f)	[o'rija]

costa (f)	costa (f)	['kosta]
maré (f) alta	flujo (m)	['flʲuχo]
refluxo (m), maré (f) baixa	reflujo (m)	[re'flʲuχo]
restinga (f)	banco (m) de arena	['baŋko de a'rena]
fundo (m)	fondo (m)	['fondo]

onda (f)	ola (f)	['olʲa]
crista (f) da onda	cresta (f) de la ola	['kresta de lʲa 'olʲa]
espuma (f)	espuma (f)	[es'puma]

tempestade (f)	tempestad (f)	[tempes'tað]
furacão (m)	huracán (m)	[ura'kan]
tsunami (m)	tsunami (m)	[tsu'nami]
calmaria (f)	bonanza (f)	[bo'nanθa]
calmo	calmo, tranquilo (adj)	['kalʲmo], [traŋ'kilʲo]

polo (m)	polo (m)	['polʲo]
polar	polar (adj)	[po'lʲar]

latitude (f)	latitud (f)	[lʲati'tuð]
longitude (f)	longitud (f)	[lʲonχi'tuð]
paralela (f)	paralelo (m)	[para'lelʲo]
equador (m)	ecuador (m)	[ekua'ðor]

céu (m)	cielo (m)	['θjelʲo]
horizonte (m)	horizonte (m)	[ori'θonte]
ar (m)	aire (m)	['aire]

farol (m)	faro (m)	['faro]
mergulhar (vi)	bucear (vi)	[buθe'ar]
afundar-se (vr)	hundirse (vr)	[un'dirse]
tesouros (m pl)	tesoros (m pl)	[te'soros]

168. Montanhas

montanha (f)	montaña (f)	[mon'tanja]
cordilheira (f)	cadena (f) de montañas	[ka'ðena de mon'tanjas]
serra (f)	cresta (f) de montañas	['kresta de mon'tanjas]

cume (m)	cima (f)	['θima]
pico (m)	pico (m)	['piko]
sopé (m)	pie (m)	[pje]
declive (m)	cuesta (f)	[ku'esta]

vulcão (m)	volcán (m)	[bolʲ'kan]
vulcão (m) ativo	volcán (m) activo	[bolʲ'kan ak'tiβo]
vulcão (m) extinto	volcán (m) apagado	[bolʲ'kan apa'gaðo]

erupção (f)	erupción (f)	[erup'θjon]
cratera (f)	cráter (m)	['krater]
magma (m)	magma (m)	['maχma]
lava (f)	lava (f)	['lʲaβa]
fundido (lava ~a)	fundido (adj)	[fun'diðo]
desfiladeiro (m)	cañón (m)	[ka'njon]

garganta (f)	desfiladero (m)	[desfiˡaˈðero]
fenda (f)	grieta (f)	[griˈeta]
precipício (m)	precipicio (m)	[preθiˈpiθio]

passo, colo (m)	puerto (m)	[puˈerto]
planalto (m)	meseta (f)	[meˈseta]
falésia (f)	roca (f)	[ˈroka]
colina (f)	colina (f)	[koˈlina]

glaciar (m)	glaciar (m)	[glˡaˈθjar]
queda (f) d'água	cascada (f)	[kasˈkaða]
géiser (m)	geiser (m)	[ˈχejser]
lago (m)	lago (m)	[ˈlˡago]

planície (f)	llanura (f)	[jaˈnura]
paisagem (f)	paisaje (m)	[pajˈsaχe]
eco (m)	eco (m)	[ˈeko]

alpinista (m)	alpinista (m)	[alˡpiˈnista]
escalador (m)	escalador (m)	[eskalˡaˈðor]
conquistar (vt)	conquistar (vt)	[koŋkisˈtar]
subida, escalada (f)	ascensión (f)	[aθenˈsjon]

169. Rios

rio (m)	río (m)	[ˈrio]
fonte, nascente (f)	manantial (m)	[mananˈtjalˡ]
leito (m) do rio	lecho (m)	[ˈletʃo]
bacia (f)	cuenca (f) fluvial	[kuˈeŋka flˡuˈβjalˡ]
desaguar no ...	desembocar en ...	[desemboˈkar en]

| afluente (m) | afluente (m) | [aflˡuˈente] |
| margem (do rio) | orilla (f), ribera (f) | [oˈrija], [riˈβera] |

corrente (f)	corriente (f)	[koˈrjente]
rio abaixo	río abajo (adv)	[ˈrio aˈβaχo]
rio acima	río arriba (adv)	[ˈrio aˈriβa]

inundação (f)	inundación (f)	[inundaˈθjon]
cheia (f)	riada (f)	[ˈrjaða]
transbordar (vi)	desbordarse (vr)	[desβorˈðarse]
inundar (vt)	inundar (vt)	[inunˈdar]

| banco (m) de areia | bajo (m) arenoso | [ˈbaχo areˈnoso] |
| rápidos (m pl) | rápido (m) | [ˈrapiðo] |

barragem (f)	presa (f)	[ˈpresa]
canal (m)	canal (m)	[kaˈnalˡ]
reservatório (m) de água	lago (m) artificiale	[ˈlˡago artifiˈθjale]
eclusa (f)	esclusa (f)	[esˈklˡusa]

corpo (m) de água	cuerpo (m) de agua	[kuˈerpo de ˈagua]
pântano (m)	pantano (m)	[panˈtano]
tremedal (m)	ciénaga (f)	[ˈθjenaga]

remoinho (m)	remolino (m)	[remo'lino]
arroio, regato (m)	arroyo (m)	[a'rojo]
potável	potable (adj)	[po'taβle]
doce (água)	dulce (adj)	['dulʲθe]
gelo (m)	hielo (m)	['jelʲo]
congelar-se (vr)	helarse (vr)	[e'lʲarse]

170. Floresta

floresta (f), bosque (m)	bosque (m)	['boske]
florestal	de bosque (adj)	[de 'boske]
mata (f) cerrada	espesura (f)	[espe'sura]
arvoredo (m)	bosquecillo (m)	[bokse'θijo]
clareira (f)	claro (m)	['klʲaro]
matagal (m)	maleza (f)	[ma'leθa]
mato (m)	matorral (m)	[mato'ralʲ]
vereda (f)	senda (f)	['senda]
ravina (f)	barranco (m)	[ba'raŋko]
árvore (f)	árbol (m)	['arβolʲ]
folha (f)	hoja (f)	['oχa]
folhagem (f)	follaje (m)	[fo'jaχe]
queda (f) das folhas	caída (f) de hojas	[ka'iða de 'oχas]
cair (vi)	caer (vi)	[ka'er]
topo (m)	cima (f)	['θima]
ramo (m)	rama (f)	['rama]
galho (m)	rama (f)	['rama]
botão, rebento (m)	brote (m)	['brote]
agulha (f)	aguja (f)	[a'guχa]
pinha (f)	piña (f)	['pinja]
buraco (m) de árvore	agujero (m)	[agu'χero]
ninho (m)	nido (m)	['niðo]
tronco (m)	tronco (m)	['troŋko]
raiz (f)	raíz (f)	[ra'iθ]
casca (f) de árvore	corteza (f)	[kor'teθa]
musgo (m)	musgo (m)	['musgo]
arrancar pela raiz	extirpar (vt)	[estir'par]
cortar (vt)	talar (vt)	[ta'lʲar]
desflorestar (vt)	deforestar (vt)	[defores'tar]
toco, cepo (m)	tocón (m)	[to'kon]
fogueira (f)	hoguera (f)	[o'gera]
incêndio (m) florestal	incendio (m) forestal	[in'θendjo fores'talʲ]
apagar (vt)	apagar (vt)	[apa'gar]
guarda-florestal (m)	guarda (m) forestal	[gu'arða fores'talʲ]

proteção (f)	protección (f)	[protek'θjon]
proteger (a natureza)	proteger (vt)	[prote'χer]
caçador (m) furtivo	cazador (m) furtivo	[kaθa'ðor fur'tiβo]
armadilha (f)	cepo (m)	['θepo]

| colher (cogumelos, bagas) | recoger (vt) | [reko'χer] |
| perder-se (vr) | perderse (vr) | [per'ðerse] |

171. Recursos naturais

recursos (m pl) naturais	recursos (m pl) naturales	[re'kursos natu'rales]
minerais (m pl)	recursos (m pl) subterráneos	[re'kursos suβte'raneos]
depósitos (m pl)	depósitos (m pl)	[de'positos]
jazida (f)	yacimiento (m)	[jaθi'mjento]

extrair (vt)	extraer (vt)	[ekstra'er]
extração (f)	extracción (f)	[ekstrak'θjon]
minério (m)	mena (f)	['mena]
mina (f)	mina (f)	['mina]
poço (m) de mina	pozo (m) de mina	['poθo de 'mina]
mineiro (m)	minero (m)	[mi'nero]

| gás (m) | gas (m) | [gas] |
| gasoduto (m) | gasoducto (m) | [gaso'ðukto] |

petróleo (m)	petróleo (m)	[pe'troleo]
oleoduto (m)	oleoducto (m)	[oleo'ðukto]
poço (m) de petróleo	pozo (m) de petróleo	['poθo de pe'troleo]
torre (f) petrolífera	torre (f) de sondeo	['tore de son'deo]
petroleiro (m)	petrolero (m)	[petro'lero]

areia (f)	arena (f)	[a'rena]
calcário (m)	caliza (f)	[ka'liθa]
cascalho (m)	grava (f)	['graβa]
turfa (f)	turba (f)	['turβa]
argila (f)	arcilla (f)	[ar'θija]
carvão (m)	carbón (m)	[kar'βon]

ferro (m)	hierro (m)	['jero]
ouro (m)	oro (m)	['oro]
prata (f)	plata (f)	['plʲata]
níquel (m)	níquel (m)	['nikelʲ]
cobre (m)	cobre (m)	['koβre]

| zinco (m) | zinc (m) | [θiŋk] |
| manganês (m) | manganeso (m) | [manga'neso] |

| mercúrio (m) | mercurio (m) | [mer'kurio] |
| chumbo (m) | plomo (m) | ['plʲomo] |

mineral (m)	mineral (m)	[mine'ralʲ]
cristal (m)	cristal (m)	[kris'talʲ]
mármore (m)	mármol (m)	['marmolʲ]
urânio (m)	uranio (m)	[u'ranio]

A Terra. Parte 2

172. Tempo

tempo (m)	tiempo (m)	['tjempo]
previsão (f) do tempo	previsión (f) del tiempo	[preβi'sjon del 'tjempo]
temperatura (f)	temperatura (f)	[tempera'tura]
termómetro (m)	termómetro (m)	[ter'mometro]
barómetro (m)	barómetro (m)	[ba'rometro]
húmido	húmedo (adj)	['umeðo]
humidade (f)	humedad (f)	[ume'ðað]
calor (m)	bochorno (m)	[bo'tʃorno]
cálido	tórrido (adj)	['toriðo]
está muito calor	hace mucho calor	['aθe 'mutʃo ka'lʲor]
está calor	hace calor	['aθe ka'lʲor]
quente	templado (adj)	[tem'plʲaðo]
está frio	hace frío	['aθe 'frio]
frio	frío (adj)	['frio]
sol (m)	sol (m)	[solʲ]
brilhar (vi)	brillar (vi)	[bri'jar]
de sol, ensolarado	soleado (adj)	[sole'aðo]
nascer (vi)	elevarse (vr)	[ele'βarse]
pôr-se (vr)	ponerse (vr)	[po'nerse]
nuvem (f)	nube (f)	['nuβe]
nublado	nuboso (adj)	[nu'βoso]
nuvem (f) preta	nubarrón (m)	[nuβa'ron]
escuro, cinzento	nublado (adj)	[nu'βlʲaðo]
chuva (f)	lluvia (f)	['juβia]
está a chover	está lloviendo	[es'ta jo'βjendo]
chuvoso	lluvioso (adj)	[juβi'oso]
chuviscar (vi)	lloviznar (vi)	[joβiθ'nar]
chuva (f) torrencial	aguacero (m)	[agua'θero]
chuvada (f)	chaparrón (m)	[tʃapa'ron]
forte (chuva)	fuerte (adj)	[fu'erte]
poça (f)	charco (m)	['tʃarko]
molhar-se (vr)	mojarse (vr)	[mo'xarse]
nevoeiro (m)	niebla (f)	['njeβlʲa]
de nevoeiro	nebuloso (adj)	[neβu'lʲoso]
neve (f)	nieve (f)	['njeβe]
está a nevar	está nevando	[es'ta ne'βando]

173. Tempo extremo. Catástrofes naturais

trovoada (f)	tormenta (f)	[tor'menta]
relâmpago (m)	relámpago (m)	[re'ljampago]
relampejar (vi)	relampaguear (vi)	[reljampage'ar]
trovão (m)	trueno (m)	[tru'eno]
trovejar (vi)	tronar (vi)	[tro'nar]
está a trovejar	está tronando	[es'ta tro'nando]
granizo (m)	granizo (m)	[gra'niθo]
está a cair granizo	está granizando	[es'ta grani'θando]
inundar (vt)	inundar (vt)	[inun'dar]
inundação (f)	inundación (f)	[inunda'θjon]
terremoto (m)	terremoto (m)	[tere'moto]
abalo, tremor (m)	sacudida (f)	[saku'ðiða]
epicentro (m)	epicentro (m)	[epi'θentro]
erupção (f)	erupción (f)	[erup'θjon]
lava (f)	lava (f)	['ljaβa]
turbilhão (m)	torbellino (m)	[torβe'jino]
tornado (m)	tornado (m)	[tor'naðo]
tufão (m)	tifón (m)	[ti'fon]
furacão (m)	huracán (m)	[ura'kan]
tempestade (f)	tempestad (f)	[tempes'tað]
tsunami (m)	tsunami (m)	[tsu'nami]
ciclone (m)	ciclón (m)	[θik'ljon]
mau tempo (m)	mal tiempo (m)	[malj 'tjempo]
incêndio (m)	incendio (m)	[in'θendio]
catástrofe (f)	catástrofe (f)	[ka'tastrofe]
meteorito (m)	meteorito (m)	[meteo'rito]
avalanche (f)	avalancha (f)	[aβa'ljantʃa]
deslizamento (m) de neve	alud (m) de nieve	[aljuð de 'njeβe]
nevasca (f)	ventisca (f)	[ben'tiska]
tempestade (f) de neve	nevasca (f)	[ne'βaska]

Fauna

predador (m)	carnívoro (m)	[kar'niβoro]
tigre (m)	tigre (m)	['tiɣre]
leão (m)	león (m)	[le'on]
lobo (m)	lobo (m)	['lʲoβo]
raposa (f)	zorro (m)	['θoro]
jaguar (m)	jaguar (m)	[χagu'ar]
leopardo (m)	leopardo (m)	[leo'parðo]
chita (f)	guepardo (m)	[ge'parðo]
pantera (f)	pantera (f)	[pan'tera]
puma (m)	puma (f)	['puma]
leopardo-das-neves (m)	leopardo (m) de las nieves	[leo'parðo de lʲas 'njeβes]
lince (m)	lince (m)	['linθe]
coiote (m)	coyote (m)	[ko'jote]
chacal (m)	chacal (m)	[ʧa'kalʲ]
hiena (f)	hiena (f)	['jena]

animal (m)	animal (m)	[ani'malʲ]
besta (f)	bestia (f)	['bestia]
esquilo (m)	ardilla (f)	[ar'ðija]
ouriço (m)	erizo (m)	[e'riθo]
lebre (f)	liebre (f)	['ljeβre]
coelho (m)	conejo (m)	[ko'neχo]
texugo (m)	tejón (m)	[te'χon]
guaxinim (m)	mapache (m)	[ma'paʧe]
hamster (m)	hámster (m)	['χamster]
marmota (f)	marmota (f)	[mar'mota]
toupeira (f)	topo (m)	['topo]
rato (m)	ratón (m)	[ra'ton]
ratazana (f)	rata (f)	['rata]
morcego (m)	murciélago (m)	[mur'θjelʲago]
arminho (m)	armiño (m)	[ar'minjo]
zibelina (f)	cebellina (f)	[θeβe'jina]
marta (f)	marta (f)	['marta]
doninha (f)	comadreja (f)	[koma'ðreχa]
vison (m)	visón (m)	[bi'son]

castor (m)	castor (m)	[kas'tor]
lontra (f)	nutria (f)	['nutria]
cavalo (m)	caballo (m)	[ka'βajo]
alce (m)	alce (m)	['alʲθe]
veado (m)	ciervo (m)	['θjerβo]
camelo (m)	camello (m)	[ka'mejo]
bisão (m)	bisonte (m)	[bi'sonte]
auroque (m)	uro (m)	['uro]
búfalo (m)	búfalo (m)	['bufalʲo]
zebra (f)	cebra (f)	['θeβra]
antílope (m)	antílope (m)	[an'tilʲope]
corça (f)	corzo (m)	['korθo]
gamo (m)	gamo (m)	['gamo]
camurça (f)	gamuza (f)	[ga'muθa]
javali (m)	jabalí (m)	[χaβa'li]
baleia (f)	ballena (f)	[ba'jena]
foca (f)	foca (f)	['foka]
morsa (f)	morsa (f)	['morsa]
urso-marinho (m)	oso (m) marino	['oso ma'rino]
golfinho (m)	delfín (m)	[delʲ'fin]
urso (m)	oso (m)	['oso]
urso (m) branco	oso (m) blanco	['oso 'blʲaŋko]
panda (m)	panda (f)	['panda]
macaco (em geral)	mono (m)	['mono]
chimpanzé (m)	chimpancé (m)	[ʧimpan'se]
orangotango (m)	orangután (m)	[orangu'tan]
gorila (m)	gorila (m)	[go'rilja]
macaco (m)	macaco (m)	[ma'kako]
gibão (m)	gibón (m)	[χi'βon]
elefante (m)	elefante (m)	[ele'fante]
rinoceronte (m)	rinoceronte (m)	[rinoθe'ronte]
girafa (f)	jirafa (f)	[χi'rafa]
hipopótamo (m)	hipopótamo (m)	[ipo'potamo]
canguru (m)	canguro (m)	[kan'guro]
coala (m)	koala (f)	[ko'alʲa]
mangusto (m)	mangosta (f)	[man'gosta]
chinchila (m)	chinchilla (f)	[ʧin'ʧija]
doninha-fedorenta (f)	mofeta (f)	[mo'feta]
porco-espinho (m)	espín (m)	[es'pin]

176. Animais domésticos

gata (f)	gata (f)	['gata]
gato (m) macho	gato (m)	['gato]
cão (m)	perro (m)	['pero]

cavalo (m)	caballo (m)	[ka'βajo]
garanhão (m)	garañón (m)	[gara'njon]
égua (f)	yegua (f)	['jegua]

vaca (f)	vaca (f)	['baka]
touro (m)	toro (m)	['toro]
boi (m)	buey (m)	[bu'ej]

ovelha (f)	oveja (f)	[o'βeχa]
carneiro (m)	carnero (m)	[kar'nero]
cabra (f)	cabra (f)	['kaβra]
bode (m)	cabrón (m)	[ka'βron]

burro (m)	asno (m)	['asno]
mula (f)	mulo (m)	['mulʲo]

porco (m)	cerdo (m)	['θerðo]
leitão (m)	cerdito (m)	[θer'ðito]
coelho (m)	conejo (m)	[ko'neχo]

galinha (f)	gallina (f)	[ga'jina]
galo (m)	gallo (m)	['gajo]

pata (f)	pato (m)	['pato]
pato (macho)	ánade (m)	['anaðe]
ganso (m)	ganso (m)	['ganso]

peru (m)	pavo (m)	['paβo]
perua (f)	pava (f)	['paβa]

animais (m pl) domésticos	animales (m pl) domésticos	[ani'males do'mestikos]
domesticado	domesticado (adj)	[domesti'kaðo]
domesticar (vt)	domesticar (vt)	[domesti'kar]
criar (vt)	criar (vt)	[kri'ar]

quinta (f)	granja (f)	['granχa]
aves (f pl) domésticas	aves (f pl) de corral	['aβes de ko'ralʲ]
gado (m)	ganado (m)	[ga'njaðo]
rebanho (m), manada (f)	rebaño (m)	[re'βanjo]

estábulo (m)	caballeriza (f)	[kaβaje'riθa]
pocilga (f)	porqueriza (f)	[porke'riθa]
estábulo (m)	vaquería (f)	[bake'ria]
coelheira (f)	conejal (m)	[kone'χalʲ]
galinheiro (m)	gallinero (m)	[gaji'nero]

177. Cães. Raças de cães

cão (m)	perro (m)	['pero]
cão pastor (m)	perro (m) pastor	['pero pas'tor]
pastor-alemão (m)	pastor (m) alemán	[pas'tor ale'man]
caniche (m)	caniche (m)	[ka'nitʃe]
teckel (m)	teckel (m)	['tekelʲ]
buldogue (m)	bulldog (m)	[bulʲ'ðog]

boxer (m)	bóxer (m)	['bokser]
mastim (m)	mastín (m) inglés	[mas'tin in'gles]
rottweiler (m)	rottweiler (m)	[rot'bajler]
dobermann (m)	doberman (m)	['doβerman]

basset (m)	basset hound (m)	['baset 'χaund]
pastor inglês (m)	bobtail (m)	[boβ'tajlʲ]
dálmata (m)	dálmata (m)	['dalʲmata]
cocker spaniel (m)	cocker spaniel (m)	['koker spa'njelʲ]

terra-nova (m)	terranova (m)	[tera'noβa]
são-bernardo (m)	san bernardo (m)	[san ber'narðo]

husky (m)	husky (m)	['χaski]
Chow-chow (m)	chow chow (m)	['ʧow 'ʧow]
spitz alemão (m)	pomerania (m)	[pome'rania]
carlindogue (m)	pug (m), carlino (m)	[pug], [kar'lino]

178. Sons produzidos pelos animais

latido (m)	ladrido (m)	[lʲa'ðriðo]
latir (vi)	ladrar (vi)	[lʲa'ðrar]
miar (vi)	maullar (vi)	[mau'jar]
ronronar (vi)	ronronear (vi)	[ronrone'ar]

mugir (vaca)	mugir (vi)	[mu'χir]
bramir (touro)	bramar (vi)	[bra'mar]
rosnar (vi)	rugir (vi)	[ru'χir]

uivo (m)	aullido (m)	[au'jiðo]
uivar (vi)	aullar (vi)	[au'jar]
ganir (vi)	gañir (vi)	[ga'njir]

balir (vi)	balar (vi)	[ba'lʲar]
grunhir (porco)	gruñir (vi)	[gru'njir]
guinchar (vi)	chillar (vi)	[ʧi'jar]

coaxar (sapo)	croar (vi)	[kro'ar]
zumbir (inseto)	zumbar (vi)	[θum'bar]
estridular, ziziar (vi)	chirriar (vi)	[ʧi'rjar]

179. Pássaros

pássaro (m), ave (f)	pájaro (m)	['paχaro]
pombo (m)	paloma (f)	[pa'lʲoma]
pardal (m)	gorrión (m)	[gori'jon]
chapim-real (m)	carbonero (m)	[karβo'nero]
pega-rabuda (f)	urraca (f)	[u'raka]

corvo (m)	cuervo (m)	[ku'erβo]
gralha (f) cinzenta	corneja (f)	[kor'neχa]
gralha-de-nuca-cinzenta (f)	chova (f)	['ʧoβa]

gralha-calva (f)	**grajo** (m)	['graχo]
pato (m)	**pato** (m)	['pato]
ganso (m)	**ganso** (m)	['ganso]
faisão (m)	**faisán** (m)	[faj'san]
águia (f)	**águila** (f)	['agilʲa]
açor (m)	**azor** (m)	[a'θor]
falcão (m)	**halcón** (m)	[alʲ'kon]
abutre (m)	**buitre** (m)	[bu'itre]
condor (m)	**cóndor** (m)	['kondor]
cisne (m)	**cisne** (m)	['θisne]
grou (m)	**grulla** (f)	['gruja]
cegonha (f)	**cigüeña** (f)	[θiɣu'enja]
papagaio (m)	**loro** (m), **papagayo** (m)	['lʲoro], [papa'gajo]
beija-flor (m)	**colibrí** (m)	[koli'βri]
pavão (m)	**pavo** (m) **real**	['paβo re'alʲ]
avestruz (m)	**avestruz** (m)	[aβes'truθ]
garça (f)	**garza** (f)	['garθa]
flamingo (m)	**flamenco** (m)	[flʲa'meŋko]
pelicano (m)	**pelícano** (m)	[pe'likano]
rouxinol (m)	**ruiseñor** (m)	[ruise'njor]
andorinha (f)	**golondrina** (f)	[golʲon'drina]
tordo-zornal (m)	**tordo** (m)	['torðo]
tordo-músico (m)	**zorzal** (m)	[θor'θalʲ]
melro-preto (m)	**mirlo** (m)	['mirlʲo]
andorinhão (m)	**vencejo** (m)	[ben'θeχo]
cotovia (f)	**alondra** (f)	[a'lʲondra]
codorna (f)	**codorniz** (f)	[koðor'niθ]
pica-pau (m)	**pájaro carpintero** (m)	['paχaro karpin'tero]
cuco (m)	**cuco** (m)	['kuko]
coruja (f)	**lechuza** (f)	[le'ʧuθa]
corujão, bufo (m)	**búho** (m)	['buo]
tetraz-grande (m)	**urogallo** (m)	[uro'gajo]
tetraz-lira (m)	**gallo lira** (m)	['gajo 'lira]
perdiz-cinzenta (f)	**perdiz** (f)	[per'ðiθ]
estorninho (m)	**estornino** (m)	[estor'nino]
canário (m)	**canario** (m)	[ka'nario]
galinha-do-mato (f)	**ortega** (f)	[or'tega]
tentilhão (m)	**pinzón** (m)	[pin'θon]
dom-fafe (m)	**camachuelo** (m)	[kamaʧu'elʲo]
gaivota (f)	**gaviota** (f)	[ga'βjota]
albatroz (m)	**albatros** (m)	[alʲ'βatros]
pinguim (m)	**pingüino** (m)	[pingu'ino]

180. Pássaros. Canto e sons

cantar (vi)	cantar (vi)	[kan'tar]
gritar (vi)	gritar, llamar (vi)	[gri'tar], [ja'mar]
cantar (o galo)	cantar (vi)	[kan'tar]
cocorocó (m)	quiquiriquí (m)	[kikiri'ki]
cacarejar (vi)	cloquear (vi)	[klʲoke'ar]
crocitar (vi)	graznar (vi)	[graθ'nar]
grasnar (vi)	graznar, parpar (vi)	[graθ'nar], [par'par]
piar (vi)	piar (vi)	[pjar]
chilrear, gorjear (vi)	gorjear (vi)	[gorχe'ar]

181. Peixes. Animais marinhos

brema (f)	brema (f)	['brema]
carpa (f)	carpa (f)	['karpa]
perca (f)	perca (f)	['perka]
siluro (m)	siluro (m)	[si'lʲuro]
lúcio (m)	lucio (m)	['lʲuθio]
salmão (m)	salmón (m)	[salʲ'mon]
esturjão (m)	esturión (m)	[estu'rjon]
arenque (m)	arenque (m)	[a'reŋke]
salmão (m)	salmón (m) del Atlántico	[salʲ'mon delʲ at'lʲantiko]
cavala, sarda (f)	caballa (f)	[ka'βaja]
solha (f)	lenguado (m)	[lengu'aðo]
lúcio perca (m)	lucioperca (f)	[lʲuθjo'perka]
bacalhau (m)	bacalao (m)	[baka'lʲao]
atum (m)	atún (m)	[a'tun]
truta (f)	trucha (f)	['trutʃa]
enguia (f)	anguila (f)	[an'gilʲa]
raia elétrica (f)	raya (f) eléctrica	['raja e'lektrika]
moreia (f)	morena (f)	[mo'rena]
piranha (f)	piraña (f)	[pi'ranja]
tubarão (m)	tiburón (m)	[tiβu'ron]
golfinho (m)	delfín (m)	[delʲ'fin]
baleia (f)	ballena (f)	[ba'jena]
caranguejo (m)	centolla (f)	[θen'toja]
medusa, alforreca (f)	medusa (f)	[me'ðusa]
polvo (m)	pulpo (m)	['pulʲpo]
estrela-do-mar (f)	estrella (f) de mar	[es'treja de mar]
ouriço-do-mar (m)	erizo (m) de mar	[e'riθo de mar]
cavalo-marinho (m)	caballito (m) de mar	[kaβa'jito de mar]
ostra (f)	ostra (f)	['ostra]
camarão (m)	camarón (m)	[kama'ron]

lavagante (m)	bogavante (m)	[boga'βante]
lagosta (f)	langosta (f)	[lʲan'gosta]

182. Amfíbios. Répteis

serpente, cobra (f)	serpiente (f)	[ser'pjente]
venenoso	venenoso (adj)	[bene'noso]
víbora (f)	víbora (f)	['biβora]
cobra-capelo, naja (f)	cobra (f)	['koβra]
pitão (m)	pitón (m)	[pi'ton]
jiboia (f)	boa (f)	['boa]
cobra-de-água (f)	culebra (f)	[ku'leβra]
cascavel (f)	serpiente (m) de cascabel	[ser'pjente de kaska'βelʲ]
anaconda (f)	anaconda (f)	[ana'konda]
lagarto (m)	lagarto (m)	[lʲa'garto]
iguana (f)	iguana (f)	[igu'ana]
varano (m)	varano (m)	[ba'rano]
salamandra (f)	salamandra (f)	[salʲa'mandra]
camaleão (m)	camaleón (m)	[kamale'on]
escorpião (m)	escorpión (m)	[eskorpi'on]
tartaruga (f)	tortuga (f)	[tor'tuga]
rã (f)	rana (f)	['rana]
sapo (m)	sapo (m)	['sapo]
crocodilo (m)	cocodrilo (m)	[koko'ðrilʲo]

183. Insetos

inseto (m)	insecto (m)	[in'sekto]
borboleta (f)	mariposa (f)	[mari'posa]
formiga (f)	hormiga (f)	[or'miga]
mosca (f)	mosca (f)	['moska]
mosquito (m)	mosquito (m)	[mos'kito]
escaravelho (m)	escarabajo (m)	[eskara'βaχo]
vespa (f)	avispa (f)	[a'βispa]
abelha (f)	abeja (f)	[a'βeχa]
mamangava (f)	abejorro (m)	[aβe'χoro]
moscardo (m)	moscardón (m)	[moskar'ðon]
aranha (f)	araña (f)	[a'ranja]
teia (f) de aranha	telaraña (f)	[telʲa'ranja]
libélula (f)	libélula (f)	[li'βelʲulʲa]
gafanhoto-do-campo (m)	saltamontes (m)	[salʲta'montes]
traça (f)	mariposa (f) nocturna	[mari'posa nok'turna]
barata (f)	cucaracha (f)	[kuka'ratʃa]
carraça (f)	garrapata (f)	[gara'pata]

pulga (f)	pulga (f)	['pul'ga]
borrachudo (m)	mosca (f) negra	['moska 'neɣra]
gafanhoto (m)	langosta (f)	[l'an'gosta]
caracol (m)	caracol (m)	[kara'kol']
grilo (m)	grillo (m)	['grijo]
pirilampo (m)	luciérnaga (f)	[l'u'θjernaga]
joaninha (f)	mariquita (f)	[mari'kita]
besouro (m)	sanjuanero (m)	[sanχwa'nero]
sanguessuga (f)	sanguijuela (f)	[sangiχu'el'a]
lagarta (f)	oruga (f)	[o'ruga]
minhoca (f)	lombriz (m) de tierra	[lom'briθ de 'tjera]
larva (f)	larva (f)	['l'arβa]

184. Animais. Partes do corpo

bico (m)	pico (m)	['piko]
asas (f pl)	alas (f pl)	['al'as]
pata (f)	pata (f)	['pata]
plumagem (f)	plumaje (m)	[pl'u'maχe]
pena, pluma (f)	pluma (f)	['pl'uma]
crista (f)	penacho (m)	[pe'natʃo]
brânquias, guelras (f pl)	branquias (f pl)	['braŋkjas]
ovas (f pl)	huevas (f pl)	[u'eβas]
larva (f)	larva (f)	['l'arβa]
barbatana (f)	aleta (f)	[a'leta]
escama (f)	escamas (f pl)	[es'kamas]
canino (m)	colmillo (m)	[kol'i'mijo]
pata (f)	garra (f), pata (f)	['gara], ['pata]
focinho (m)	hocico (m)	[o'θiko]
boca (f)	boca (f)	['boka]
cauda (f), rabo (m)	cola (f)	['kol'a]
bigodes (m pl)	bigotes (m pl)	[bi'gotes]
casco (m)	casco (m)	['kasko]
corno (m)	cuerno (m)	[ku'erno]
carapaça (f)	caparazón (m)	[kapara'θon]
concha (f)	concha (f)	['kontʃa]
casca (f) de ovo	cáscara (f)	['kaskara]
pelo (m)	pelo (m)	['pel'o]
pele (f), couro (m)	piel (f)	[pjel']

185. Animais. Habitats

hábitat	hábitat (m)	['aβitat]
migração (f)	migración (f)	[miɣra'θjon]
montanha (f)	montaña (f)	[mon'tanja]

recife (m)	**arrecife** (m)	[are'θife]
falésia (f)	**roca** (f)	['roka]
floresta (f)	**bosque** (m)	['boske]
selva (f)	**jungla** (f)	['χunglⁱa]
savana (f)	**sabana** (f)	[sa'βana]
tundra (f)	**tundra** (f)	['tundra]
estepe (f)	**estepa** (f)	[es'tepa]
deserto (m)	**desierto** (m)	[de'sjerto]
oásis (m)	**oasis** (m)	[o'asis]
mar (m)	**mar** (m)	[mar]
lago (m)	**lago** (m)	['lⁱago]
oceano (m)	**océano** (m)	[o'θeano]
pântano (m)	**pantano** (m)	[pan'tano]
de água doce	**de agua dulce** (adj)	[de 'agua 'dulⁱθe]
lagoa (f)	**estanque** (m)	[es'taŋke]
rio (m)	**río** (m)	['rio]
toca (f) do urso	**cubil** (m)	[ku'βilⁱ]
ninho (m)	**nido** (m)	['niðo]
buraco (m) de árvore	**agujero** (m)	[agu'χero]
toca (f)	**madriguera** (f)	[maðri'gera]
formigueiro (m)	**hormiguero** (m)	[ormi'gero]

Flora

árvore (f)	árbol (m)	['arβoli]
decídua	foliáceo (adj)	[foli'aθeo]
conífera	conífero (adj)	[ko'nifero]
perene	de hoja perenne	[de 'oχa pe'renne]
macieira (f)	manzano (m)	[man'θano]
pereira (f)	peral (m)	[pe'rali]
cerejeira (f)	cerezo (m)	[θe'reθo]
ginjeira (f)	guindo (m)	['gindo]
ameixeira (f)	ciruelo (m)	[θiru'elio]
bétula (f)	abedul (m)	[aβe'ðuli]
carvalho (m)	roble (m)	['roβle]
tília (f)	tilo (m)	['tilio]
choupo-tremedor (m)	pobo (m)	['poβo]
bordo (m)	arce (m)	['arθe]
espruce-europeu (m)	pícea (f)	['piθea]
pinheiro (m)	pino (m)	['pino]
alerce, lariço (m)	alerce (m)	[a'lerθe]
abeto (m)	abeto (m)	[a'βeto]
cedro (m)	cedro (m)	['θeðro]
choupo, álamo (m)	álamo (m)	['aliamo]
tramazeira (f)	serbal (m)	[ser'βali]
salgueiro (m)	sauce (m)	['sauθe]
amieiro (m)	aliso (m)	[a'liso]
faia (f)	haya (f)	['aja]
ulmeiro (m)	olmo (m)	['olimo]
freixo (m)	fresno (m)	['fresno]
castanheiro (m)	castaño (m)	[kas'tanjo]
magnólia (f)	magnolia (f)	[maɣ'nolia]
palmeira (f)	palmera (f)	[pali'mera]
cipreste (m)	ciprés (m)	[θi'pres]
mangue (m)	mangle (m)	['mangl]
embondeiro, baobá (m)	baobab (m)	[bao'βaβ]
eucalipto (m)	eucalipto (m)	[euka'lipto]
sequoia (f)	secoya (f)	[se'koja]

arbusto (m)	mata (f)	['mata]
arbusto (m), moita (f)	arbusto (m)	[ar'βusto]

videira (f)
vinhedo (m)

vid (f)
viñedo (m)

[bið]
[bi'njeðo]

framboeseira (f)
groselheira-preta (f)
groselheira-vermelha (f)
groselheira (f) espinhosa

frambueso (m)
grosellero (m) negro
grosellero (m) rojo
grosellero (m) espinoso

[frambu'eso]
[grose'jero 'neɣro]
[grose'jero 'roχo]
[grose'jero espi'noso]

acácia (f)
bérberis (f)
jasmim (m)

acacia (f)
berberís (m)
jazmín (m)

[a'kaθia]
[berβe'ris]
[χaθ'min]

junípero (m)
roseira (f)
roseira (f) brava

enebro (m)
rosal (m)
escaramujo (m)

[e'neβro]
[ro'salʲ]
[eskara'muχo]

188. Cogumelos

cogumelo (m)
cogumelo (m) comestível
cogumelo (m) venenoso
chapéu (m)
pé, caule (m)

seta (f)
seta (f) comestible
seta (f) venenosa
sombrerete (m)
estipe (m)

['seta]
['seta komes'tiβle]
['seta bene'nosa]
[sombre'rete]
[es'tipe]

boleto (m)
boleto (m) alaranjado
míscaro (m) das bétulas
cantarela (f)
rússula (f)

seta calabaza (f)
boleto (m) castaño
boleto (m) áspero
rebozuelo (m)
rúsula (f)

['seta kalʲa'βaθa]
[bo'leto kas'tanjo]
[bo'leto 'aspero]
[reβoθu'elʲo]
['rusulʲa]

morchella (f)
agário-das-moscas (m)
cicuta (f) verde

colmenilla (f)
matamoscas (m)
oronja (f) verde

[kolʲme'nija]
[mata'moskas]
[o'ronχa 'berðe]

189. Frutos. Bagas

fruta (f)
frutas (f pl)
maçã (f)
pera (f)
ameixa (f)

fruto (m)
frutos (m pl)
manzana (f)
pera (f)
ciruela (f)

['fruto]
['frutos]
[man'θana]
['pera]
[θiru'elʲa]

morango (m)
ginja (f)
cereja (f)
uva (f)

fresa (f)
guinda (f)
cereza (f)
uva (f)

['fresa]
['ginda]
[θe'reθa]
['uβa]

framboesa (f)
groselha (f) preta
groselha (f) vermelha
groselha (f) espinhosa
oxicoco (m)

frambuesa (f)
grosella (f) negra
grosella (f) roja
grosella (f) espinosa
arándano (m) agrio

[frambu'esa]
[gro'seja 'neɣra]
[gro'seja 'roχa]
[gro'seja espi'nosa]
[a'randano 'aɣrio]

laranja (f)	naranja (f)	[na'ranχa]
tangerina (f)	mandarina (f)	[manda'rina]
ananás (m)	piña (f)	['pinja]
banana (f)	banana (f)	[ba'nana]
tâmara (f)	dátil (m)	['datiľ]

limão (m)	limón (m)	[li'mon]
damasco (m)	albaricoque (m)	[alˈβariˈkoke]
pêssego (m)	melocotón (m)	[melˈokoˈton]
kiwi (m)	kiwi (m)	['kiwi]
toranja (f)	toronja (f)	[to'ronχa]

baga (f)	baya (f)	['baja]
bagas (f pl)	bayas (f pl)	['bajas]
arando (m) vermelho	arándano (m) rojo	[a'randano 'roχo]
morango-silvestre (m)	fresa (f) silvestre	['fresa silˈ'βestre]
mirtilo (m)	arándano (m)	[a'randano]

190. Flores. Plantas

| flor (f) | flor (f) | [flˈor] |
| ramo (m) de flores | ramo (m) de flores | ['ramo de 'flˈores] |

rosa (f)	rosa (f)	['rosa]
tulipa (f)	tulipán (m)	[tuli'pan]
cravo (m)	clavel (m)	[klˈa'βelˈ]
gladíolo (m)	gladiolo (m)	[glˈa'ðjolˈo]

centáurea (f)	aciano (m)	[a'θjano]
campânula (f)	campanilla (f)	[kampa'nija]
dente-de-leão (m)	diente (m) de león	['djente de le'on]
camomila (f)	manzanilla (f)	[manθa'nija]

aloé (m)	áloe (m)	['alˈoe]
cato (m)	cacto (m)	['kakto]
fícus (m)	ficus (m)	['fikus]

lírio (m)	azucena (f)	[aθu'sena]
gerânio (m)	geranio (m)	[χe'ranio]
jacinto (m)	jacinto (m)	[χa'θinto]

mimosa (f)	mimosa (f)	[mi'mosa]
narciso (m)	narciso (m)	[nar'θiso]
capuchinha (f)	capuchina (f)	[kapu'ʧina]

orquídea (f)	orquídea (f)	[or'kiðea]
peónia (f)	peonía (f)	[peo'nia]
violeta (f)	violeta (f)	[bio'leta]

amor-perfeito (m)	trinitaria (f)	[trini'taria]
não-me-esqueças (m)	nomeolvides (f)	[nomeolˈ'βiðes]
margarida (f)	margarita (f)	[marga'rita]
papoula (f)	amapola (f)	[ama'polˈa]
cânhamo (m)	cáñamo (m)	['kanjamo]

175

hortelã (f)	menta (f)	['menta]
lírio-do-vale (m)	muguete (m)	[mu'gete]
campânula-branca (f)	campanilla (f) de las nieves	[kampa'nija de lʲas 'njeβes]

urtiga (f)	ortiga (f)	[or'tiga]
azeda (f)	acedera (f)	[aθe'ðera]
nenúfar (m)	nenúfar (m)	[ne'nufar]
feto (m), samambaia (f)	helecho (m)	[e'letʃo]
líquen (m)	liquen (m)	['liken]

estufa (f)	invernadero (m)	[imberna'ðero]
relvado (m)	césped (m)	['θespeð]
canteiro (m) de flores	macizo (m) de flores	[ma'θiθo de 'flʲores]

planta (f)	planta (f)	['plʲanta]
erva (f)	hierba (f)	['jerβa]
folha (f) de erva	hoja (f) de hierba	['oχa de 'jerβa]

folha (f)	hoja (f)	['oχa]
pétala (f)	pétalo (m)	['petalʲo]
talo (m)	tallo (m)	['tajo]
tubérculo (m)	tubérculo (m)	[tu'βerkulʲo]

broto, rebento (m)	retoño (m)	[re'tonjo]
espinho (m)	espina (f)	[es'pina]

florescer (vi)	florecer (vi)	[flʲore'θer]
murchar (vi)	marchitarse (vr)	[martʃi'tarse]
cheiro (m)	olor (m)	[o'lʲor]
cortar (flores)	cortar (vt)	[kor'tar]
colher (uma flor)	coger (vt)	[ko'χer]

191. Cereais, grãos

grão (m)	grano (m)	['grano]
cereais (plantas)	cereales (m pl)	[θere'ales]
espiga (f)	espiga (f)	[es'piga]

trigo (m)	trigo (m)	['trigo]
centeio (m)	centeno (m)	[θen'teno]
aveia (f)	avena (f)	[a'βena]

milho-miúdo (m)	mijo (m)	['miχo]
cevada (f)	cebada (f)	[θe'βaða]

milho (m)	maíz (m)	[ma'iθ]
arroz (m)	arroz (m)	[a'roθ]
trigo-sarraceno (m)	alforfón (m)	[alʲfor'fon]

ervilha (f)	guisante (m)	[gi'sante]
feijão (m)	fréjol (m)	['freχolʲ]
soja (f)	soya (f)	['soja]
lentilha (f)	lenteja (f)	[len'teχa]
fava (f)	habas (f pl)	['aβas]

GEOGRAFIA REGIONAL

192. Política. Governo. Parte 1

política (f)	**política** (f)	[po'litika]
político	**político** (adj)	[po'litiko]
político (m)	**político** (m)	[po'litiko]
estado (m)	**estado** (m)	[es'taðo]
cidadão (m)	**ciudadano** (m)	[θjuða'ðano]
cidadania (f)	**ciudadanía** (f)	[θjuðaða'nia]
brasão (m) de armas	**escudo** (m) **nacional**	[es'kuðo naθjo'nalʲ]
hino (m) nacional	**himno** (m) **nacional**	['imno naθjo'nalʲ]
governo (m)	**gobierno** (m)	[go'βjerno]
Chefe (m) de Estado	**jefe** (m) **de estado**	['χefe de es'taðo]
parlamento (m)	**parlamento** (m)	[parlʲa'mento]
partido (m)	**partido** (m)	[par'tiðo]
capitalismo (m)	**capitalismo** (m)	[kapita'lismo]
capitalista	**capitalista** (adj)	[kapita'lista]
socialismo (m)	**socialismo** (m)	[soθja'lismo]
socialista	**socialista** (adj)	[soθja'lista]
comunismo (m)	**comunismo** (m)	[komu'nismo]
comunista	**comunista** (adj)	[komu'nista]
comunista (m)	**comunista** (m)	[komu'nista]
democracia (f)	**democracia** (f)	[demo'kraθia]
democrata (m)	**demócrata** (m)	[de'mokrata]
democrático	**democrático** (adj)	[demo'kratiko]
Partido (m) Democrático	**Partido** (m) **Democrático**	[par'tiðo demo'kratiko]
liberal (m)	**liberal** (m)	[liβe'ralʲ]
liberal	**liberal** (adj)	[liβe'ralʲ]
conservador (m)	**conservador** (m)	[konserβa'ðor]
conservador	**conservador** (adj)	[konserβa'ðor]
república (f)	**república** (f)	[re'puβlika]
republicano (m)	**republicano** (m)	[repuβli'kano]
Partido (m) Republicano	**Partido** (m) **Republicano**	[par'tiðo repuβli'kano]
eleições (f pl)	**elecciones** (f pl)	[elek'θjones]
eleger (vt)	**elegir** (vi)	[ele'χir]
eleitor (m)	**elector** (m)	[elek'tor]
campanha (f) eleitoral	**campaña** (f) **electoral**	[kam'panja elekto'ralʲ]
votação (f)	**votación** (f)	[bota'θjon]

votar (vi)	votar (vi)	[bo'tar]
direito (m) de voto	derecho (m) a voto	[de'reʧo a 'boto]
candidato (m)	candidato (m)	[kandi'ðato]
candidatar-se (vi)	presentarse como	[presen'tarse 'komo
	candidato	kandi'ðato]
campanha (f)	campaña (f)	[kam'panja]
da oposição	de oposición (adj)	[de oposi'θjon]
oposição (f)	oposición (f)	[oposi'θjon]
visita (f)	visita (f)	[bi'sita]
visita (f) oficial	visita (f) oficial	[bi'sita ofi'θjalʲ]
internacional	internacional (adj)	[internaθjo'nalʲ]
negociações (f pl)	negociaciones (f pl)	[negoθja'θjones]
negociar (vi)	negociar (vi)	[nego'θjar]

193. Política. Governo. Parte 2

sociedade (f)	sociedad (f)	[soθje'ðað]
constituição (f)	constitución (f)	[konstitu'θjon]
poder (ir para o ~)	poder (m)	[po'ðer]
corrupção (f)	corrupción (f)	[korup'θjon]
lei (f)	ley (f)	[lej]
legal	legal (adj)	[le'galʲ]
justiça (f)	justicia (f)	[χus'tiθia]
justo	justo (adj)	['χusto]
comité (m)	comité (m)	[komi'te]
projeto-lei (m)	proyecto (m) de ley	[pro'jekto de 'lej]
orçamento (m)	presupuesto (m)	[presupu'esto]
política (f)	política (f)	[po'litika]
reforma (f)	reforma (f)	[re'forma]
radical	radical (adj)	[raði'kalʲ]
força (f)	potencia (f)	[po'tensia]
poderoso	poderoso (adj)	[poðe'roso]
partidário (m)	partidario (m)	[parti'ðario]
influência (f)	influencia (f)	[imflʲu'enθia]
regime (m)	régimen (m)	['reχimen]
conflito (m)	conflicto (m)	[koɲ'flikto]
conspiração (f)	complot (m)	[kom'plʲot]
provocação (f)	provocación (f)	[proβoka'θjon]
derrubar (vt)	derrocar (vt)	[dero'kar]
derrube (m), queda (f)	derrocamiento (m)	[deroka'mjento]
revolução (f)	revolución (f)	[reβolʲu'θjon]
golpe (m) de Estado	golpe (m) de estado	['golʲpe de es'taðo]
golpe (m) militar	golpe (m) militar	['golʲpe mili'tar]

crise (f)	crisis (f)	['krisis]
recessão (f) económica	recesión (f) económica	[rese'θjon eko'nomika]
manifestante (m)	manifestante (m)	[manifes'tante]
manifestação (f)	manifestación (f)	[manifesta'θjon]
lei (f) marcial	ley (f) marcial	['lej mar'θjalʲ]
base (f) militar	base (f) militar	['base mili'tar]

estabilidade (f)	estabilidad (f)	[estaβili'ðað]
estável	estable (adj)	[es'taβle]

exploração (f)	explotación (f)	[eksplʲota'θjon]
explorar (vt)	explotar (vt)	[eksplʲo'tar]

racismo (m)	racismo (m)	[ra'θismo]
racista (m)	racista (m)	[ra'θista]
fascismo (m)	fascismo (m)	[fa'θismo]
fascista (m)	fascista (m)	[fa'θista]

194. Países. Diversos

estrangeiro (m)	extranjero (m)	[ekstran'χero]
estrangeiro	extranjero (adj)	[ekstran'χero]
no estrangeiro	en el extranjero	[en elʲ ekstran'χero]

emigrante (m)	emigrante (m)	[emi'ɣrante]
emigração (f)	emigración (f)	[emiɣra'θjon]
emigrar (vi)	emigrar (vi)	[emi'ɣrar]

Ocidente (m)	Oeste (m)	[o'este]
Oriente (m)	Oriente (m)	[o'rjente]
Extremo Oriente (m)	Extremo Oriente (m)	[eks'tremo o'rjente]

civilização (f)	civilización (f)	[θiβiliθa'θjon]
humanidade (f)	humanidad (f)	[umani'ðað]
mundo (m)	mundo (m)	['mundo]
paz (f)	paz (f)	[paθ]
mundial	mundial (adj)	[mun'djalʲ]

pátria (f)	patria (f)	['patria]
povo (m)	pueblo (m)	[pu'eβlʲo]
população (f)	población (f)	[poβlʲa'θjon]
gente (f)	gente (f)	['χente]
nação (f)	nación (f)	[na'θjon]
geração (f)	generación (f)	[χenera'θjon]

território (m)	territorio (m)	[teri'torio]
região (f)	región (f)	[re'χjon]
estado (m)	estado (m)	[es'taðo]

tradição (f)	tradición (f)	[traði'θjon]
costume (m)	costumbre (f)	[kos'tumbre]
ecologia (f)	ecología (f)	[ekolʲo'χia]
índio (m)	indio (m)	['indio]
cigano (m)	gitano (m)	[χi'tano]

| cigana (f) | gitana (f) | [xi'tana] |
| cigano | gitano (adj) | [xi'tano] |

império (m)	imperio (m)	[im'perio]
colónia (f)	colonia (f)	[ko'lʲonia]
escravidão (f)	esclavitud (f)	[esklʲaβi'tuð]
invasão (f)	invasión (f)	[imba'sjon]
fome (f)	hambruna (f)	[am'bruna]

195. Grupos religiosos mais importantes. Confissões

| religião (f) | religión (f) | [reli'xjon] |
| religioso | religioso (adj) | [reli'xjoso] |

crença (f)	creencia (f)	[kre'enθia]
crer (vt)	creer (vi)	[kre'er]
crente (m)	creyente (m)	[kre'jente]

| ateísmo (m) | ateísmo (m) | [ate'ismo] |
| ateu (m) | ateo (m) | [a'teo] |

cristianismo (m)	cristianismo (m)	[kristja'nismo]
cristão (m)	cristiano (m)	[kris'tjano]
cristão	cristiano (adj)	[kris'tjano]

catolicismo (m)	catolicismo (m)	[katoli'θismo]
católico (m)	católico (m)	[ka'toliko]
católico	católico (adj)	[ka'toliko]

protestantismo (m)	protestantismo (m)	[protestan'tismo]
Igreja (f) Protestante	Iglesia (f) protestante	[i'ɣlesia protes'tante]
protestante (m)	protestante (m)	[protes'tante]

ortodoxia (f)	ortodoxia (f)	[orto'ðoksia]
Igreja (f) Ortodoxa	Iglesia (f) ortodoxa	[i'ɣlesia orto'ðoksa]
ortodoxo (m)	ortodoxo (m)	[orto'ðokso]

presbiterianismo (m)	presbiterianismo (m)	[presβiterja'nismo]
Igreja (f) Presbiteriana	Iglesia (f) presbiteriana	[i'ɣlesia presβite'rjana]
presbiteriano (m)	presbiteriano (m)	[presβite'rjano]

| Igreja (f) Luterana | Iglesia (f) luterana | [i'ɣlesia lʲute'rana] |
| luterano (m) | luterano (m) | [lʲute'rano] |

| Igreja (f) Batista | Iglesia (f) bautista | [i'ɣlesia bau'tista] |
| batista (m) | bautista (m) | [bau'tista] |

| Igreja (f) Anglicana | Iglesia (f) anglicana | [i'ɣlesia angli'kana] |
| anglicano (m) | anglicano (m) | [angli'kano] |

mormonismo (m)	mormonismo (m)	[mormo'nismo]
mórmon (m)	mormón (m)	[mor'mon]
Judaísmo (m)	judaísmo (m)	[xuða'ismo]
judeu (m)	judío (m)	[xu'ðio]

budismo (m)	budismo (m)	[bu'ðismo]
budista (m)	budista (m)	[bu'ðista]
hinduísmo (m)	hinduismo (m)	[indu'ismo]
hindu (m)	hinduista (m)	[indu'ista]
Islão (m)	Islam (m)	[is'lʲam]
muçulmano (m)	musulmán (m)	[musulʲ'man]
muçulmano	musulmán (adj)	[musulʲ'man]
Xiismo (m)	chiísmo (m)	[ʧi'ismo]
xiita (m)	chií (m), chiita (m)	[ʧi'i], [ʧi'ita]
sunismo (m)	sunismo (m)	[su'nismo]
sunita (m)	suní (m, f)	[su'ni]

196. Religiões. Padres

padre (m)	sacerdote (m)	[saθer'ðote]
Papa (m)	Papa (m)	['papa]
monge (m)	monje (m)	['monχe]
freira (f)	monja (f)	['monχa]
pastor (m)	pastor (m)	[pas'tor]
abade (m)	abad (m)	[a'βað]
vigário (m)	vicario (m)	[bi'kario]
bispo (m)	obispo (m)	[o'βispo]
cardeal (m)	cardenal (m)	[karðe'nalʲ]
pregador (m)	predicador (m)	[preðika'ðor]
sermão (m)	prédica (f)	['preðika]
paroquianos (pl)	parroquianos (pl)	[paro'kjanos]
crente (m)	creyente (m)	[kre'jente]
ateu (m)	ateo (m)	[a'teo]

197. Fé. Cristianismo. Islão

Adão	Adán	[a'ðan]
Eva	Eva	['eβa]
Deus (m)	Dios (m)	['djos]
Senhor (m)	Señor (m)	[se'njor]
Todo Poderoso (m)	el Todopoderoso	[elʲ toðopoðe'roso]
pecado (m)	pecado (m)	[pe'kaðo]
pecar (vi)	pecar (vi)	[pe'kar]
pecador (m)	pecador (m)	[peka'ðor]
pecadora (f)	pecadora (f)	[peka'ðora]
inferno (m)	infierno (m)	[im'fjerno]
paraíso (m)	paraíso (m)	[para'iso]

| Jesus | Jesús (m) | [χe'sus] |
| Jesus Cristo | Jesucristo (m) | [χesu·'kristo] |

Espírito (m) Santo	el Espíritu Santo	[elʲ es'piritu 'santo]
Salvador (m)	el Salvador	[elʲ salʲβa'ðor]
Virgem Maria (f)	la Virgen María	[lʲa 'birχen ma'ria]

Diabo (m)	el Diablo	[elʲ 'djaβlʲo]
diabólico	diabólico (adj)	[dja'βoliko]
Satanás (m)	Satán (m)	[sa'tan]
satânico	satánico (adj)	[sa'taniko]

anjo (m)	ángel (m)	['anχelʲ]
anjo (m) da guarda	ángel (m) custodio	['anχelʲ kus'toðio]
angélico	angelical (adj)	[anχeli'kalʲ]

apóstolo (m)	apóstol (m)	[a'postolʲ]
arcanjo (m)	arcángel (m)	[ar'kanχelʲ]
anticristo (m)	anticristo (m)	[anti'kristo]

Igreja (f)	Iglesia (f)	[i'ɣlesia]
Bíblia (f)	Biblia (f)	['biβlia]
bíblico	bíblico (adj)	['biβliko]

Velho Testamento (m)	Antiguo Testamento (m)	[an'tiguo testa'mento]
Novo Testamento (m)	Nuevo Testamento (m)	[nu'eβo testa'mento]
Evangelho (m)	Evangelio (m)	[eβan'χelio]
Sagradas Escrituras (f pl)	Sagrada Escritura (f)	[sa'ɣraða eskri'tura]
Céu (m)	cielo (m)	['θjelʲo]

mandamento (m)	mandamiento (m)	[manda'mjento]
profeta (m)	profeta (m)	[pro'feta]
profecia (f)	profecía (f)	[profe'sia]

Alá	Alá	[a'lʲa]
Maomé	Mahoma	[ma'oma]
Corão, Alcorão (m)	Corán, Korán (m)	[ko'ran]

mesquita (f)	mezquita (f)	[meθ'kita]
mulá (m)	mulá (m), mullah (m)	[mu'lʲa]
oração (f)	oración (f)	[ora'θjon]
rezar, orar (vi)	orar, rezar (vi)	[o'rar], [re'θar]

peregrinação (f)	peregrinación (f)	[pereɣrina'θjon]
peregrino (m)	peregrino (m)	[pere'ɣrino]
Meca (f)	La Meca	[lʲa 'meka]

igreja (f)	iglesia (f)	[i'ɣlesia]
templo (m)	templo (m)	['templʲo]
catedral (f)	catedral (f)	[kate'ðralʲ]
gótico	gótico (adj)	['gotiko]
sinagoga (f)	sinagoga (f)	[sina'goga]
mesquita (f)	mezquita (f)	[meθ'kita]

| capela (f) | capilla (f) | [ka'pija] |
| abadia (f) | abadía (f) | [aβa'ðia] |

convento (m)	convento (m)	[kom'bento]
mosteiro (m)	monasterio (m)	[monas'terio]
sino (m)	campana (f)	[kam'pana]
campanário (m)	campanario (m)	[kampa'nario]
repicar (vi)	sonar (vi)	[so'nar]
cruz (f)	cruz (f)	[kruθ]
cúpula (f)	cúpula (f)	['kupulʲa]
ícone (m)	icono (m)	[i'kono]
alma (f)	alma (f)	['alʲma]
destino (m)	destino (m)	[des'tino]
mal (m)	maldad (f)	[malʲ'dað]
bem (m)	bien (m)	[bjen]
vampiro (m)	vampiro (m)	[bam'piro]
bruxa (f)	bruja (f)	['bruχa]
demónio (m)	demonio (m)	[de'monio]
espírito (m)	espíritu (m)	[es'piritu]
redenção (f)	redención (f)	[reðen'θjon]
redimir (vt)	redimir (vt)	[reði'mir]
missa (f)	culto (m), misa (f)	['kulʲto], ['misa]
celebrar a missa	decir misa	[de'θir 'misa]
confissão (f)	confesión (f)	[komfe'sjon]
confessar-se (vr)	confesarse (vr)	[komfe'sarse]
santo (m)	santo (m)	['santo]
sagrado	sagrado (adj)	[sa'ɣraðo]
água (f) benta	agua (f) santa	['agua 'santa]
ritual (m)	rito (m)	['rito]
ritual	ritual (adj)	[ritu'alʲ]
sacrifício (m)	sacrificio (m)	[sakri'fiθio]
superstição (f)	superstición (f)	[supersti'θjon]
supersticioso	supersticioso (adj)	[supersti'θjoso]
vida (f) depois da morte	vida (f) de ultratumba	['biða de ulʲtra·'tumba]
vida (f) eterna	vida (f) eterna	['biða e'terna]

TEMAS DIVERSOS

198. Várias palavras úteis

ajuda (f)	ayuda (f)	[a'juða]
barreira (f)	barrera (f)	[ba'rera]
base (f)	base (f)	['base]
categoria (f)	categoría (f)	[katego'ria]
causa (f)	causa (f)	['kausa]
coincidência (f)	coincidencia (f)	[koinθi'ðenθia]
coisa (f)	cosa (f)	['kosa]
começo (m)	principio (m)	[prin'θipio]
cómodo (ex. poltrona ~a)	confortable (adj)	[koɱfor'taβle]
comparação (f)	comparación (f)	[kompara'θjon]
compensação (f)	compensación (f)	[kompensa'θjon]
crescimento (m)	crecimiento (m)	[kreθi'mjento]
desenvolvimento (m)	desarrollo (m)	[desa'rojo]
diferença (f)	diferencia (f)	[dife'renθia]
efeito (m)	efecto (m)	[e'fekto]
elemento (m)	elemento (m)	[ele'mento]
equilíbrio (m)	balance (m)	[ba'lʲanθe]
erro (m)	error (m)	[e'ror]
esforço (m)	esfuerzo (m)	[esfu'erθo]
estilo (m)	estilo (m)	[es'tilʲo]
exemplo (m)	ejemplo (m)	[e'χemplʲo]
facto (m)	hecho (m)	['etʃo]
fim (m)	fin (m)	[fin]
forma (f)	forma (f)	['forma]
frequente	frecuente (adj)	[freku'ente]
fundo (ex. ~ verde)	fondo (m)	['fondo]
género (tipo)	tipo (m)	['tipo]
grau (m)	grado (m)	['graðo]
ideal (m)	ideal (m)	[iðe'alʲ]
labirinto (m)	laberinto (m)	[lʲaβe'rinto]
modo (m)	modo (m)	['moðo]
momento (m)	momento (m)	[mo'mento]
objeto (m)	objeto (m)	[oβ'χeto]
obstáculo (m)	obstáculo (m)	[oβs'takulʲo]
original (m)	original (m)	[oriχi'nalʲ]
padrão	estándar (adj)	[es'tandar]
padrão (m)	estándar (m)	[es'tandar]
paragem (pausa)	alto (m)	['alʲto]
parte (f)	parte (f)	['parte]

partícula (f)	partícula (f)	[par'tikulˈa]
pausa (f)	pausa (f)	['pausa]
posição (f)	posición (f)	[posi'θjon]
princípio (m)	principio (m)	[prin'θipio]

problema (m)	problema (m)	[pro'βlema]
processo (m)	proceso (m)	[pro'θeso]
progresso (m)	progreso (m)	[pro'ɣreso]
propriedade (f)	propiedad (f)	[propje'ðað]

reação (f)	reacción (f)	[reak'θjon]
risco (m)	riesgo (m)	['rjesgo]
ritmo (m)	tempo (m)	['tempo]
segredo (m)	secreto (m)	[se'kreto]
série (f)	serie (f)	['serie]

sistema (m)	sistema (m)	[sis'tema]
situação (f)	situación (f)	[situa'θjon]
solução (f)	solución (f)	[solˈu'θjon]
tabela (f)	tabla (f)	['taβlˈa]
termo (ex. ~ técnico)	término (m)	['termino]

tipo (m)	tipo (m)	['tipo]
urgente	urgente (adj)	[ur'χente]
urgentemente	urgentemente	[urχente'mente]
utilidade (f)	utilidad (f)	[utili'ðað]

variante (f)	variante (f)	[ba'rjante]
variedade (f)	variedad (f)	[barje'ðað]
verdade (f)	verdad (f)	[ber'ðað]
vez (f)	turno (m)	['turno]
zona (f)	zona (f)	['θona]

www.ingramcontent.com/pod-product-compliance
Lightning Source LLC
LaVergne TN
LVHW051343080426
835509LV00020BA/3267